LE

MONDE SOUTERRAIN

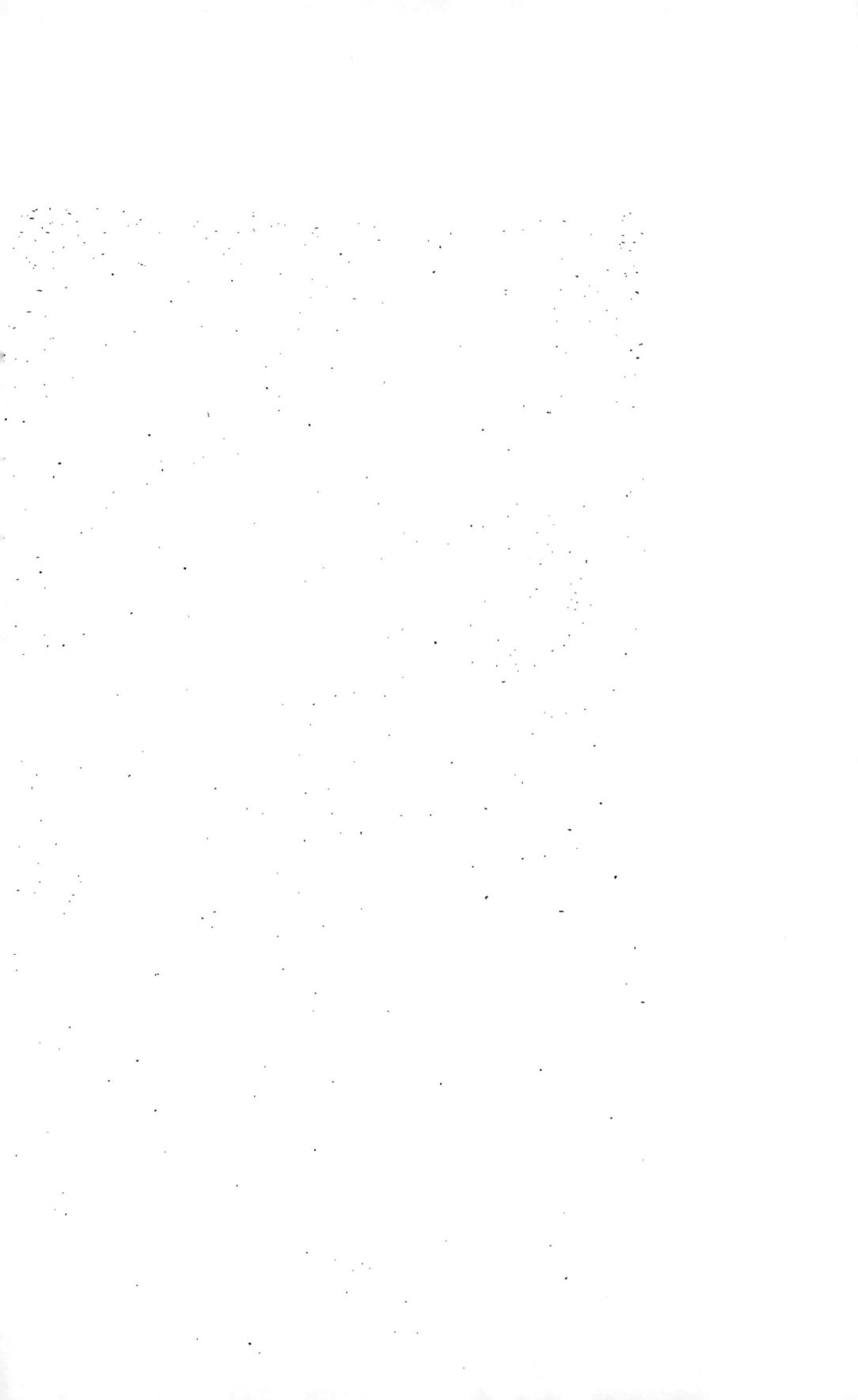

LE
MONDE SOUTERRAIN

PAR

VILLAIN

LIBRAIRIE D'ÉDUCATION

33, GRANDE-RUE DU GRAND-MONTROUGE

BANLIEUE DE PARIS

—

1881

LE

MONDE SOUTERRAIN

CHAPITRE PREMIER

DES RELATIONS QUI EXISTENT ENTRE LA CONSTITUTION DU SOL ET LA VIE COMMUNE

La configuration physique du sol est le trait le plus caractéristique d'une contrée : la forme des vallées, tantôt resserrées par des versants abrupts, tantôt étendues et à peine encaissées par des côteaux lointains ; les contours de l'horizon formés par des lignes de plaines et de plateaux ou par les dentelures si variées des montagnes, donnent à chaque pays un aspect particulier. Ces caractères se gravent si profondément dans l'esprit, qu'après une longue absence, les premières émotions éveillées par l'aspect d'une contrée sont imposées par ces formes, par ces contours, dont la mémoire retrouve les détails avant même que l'œil ait pu les saisir.

La constitution du sol réagit autant que la forme

sur les conditions de l'agriculture et de l'industrie.
Le sol fournit les pierres de construction et donne à
chaque ville un caractère particulier. N'y puise-t-on
pas, en outre, les argiles économiques, les marbres,
les granits, les minerais, les combustibles minéraux,
le sel gemme et tant d'autres substances utiles? De
telle sorte que la constitution d'un terrain se reflète
à la fois dans l'aspect des constructions et dans les
fabrications manufacturières.

La nature a été, pour la France, d'une grande
prodigalité. L'illustre auteur des recherches sur les
ossements fossiles, Cuvier, disait avec cette justesse
et cette lucidité qui caractérisent tous ses écrits, que
chaque minéral peut recevoir quelque emploi, et que
de sa plus ou moins grande abondance en chaque lieu,
du plus ou moins de facilité qu'on trouve à se le pro-
curer, dépendent souvent la prospérité de chaque
peuple, ses progrès dans la civilisation, tous les détails de ses habitudes.

La Lombardie n'élève que des maisons de briques,
à côté de la Ligurie, le pays de Gênes, qui se couvre
de palais de marbre. Les carrières de travertin, ré-
sidu calcaire de sources très abondantes en Italie, ont
fait de Rome la plus belle ville du monde ancien ;
celles de calcaire grossier et de gypse, font de Paris
l'une des plus agréables du monde moderne. Mais
Michel-Ange et le Bramante, les célèbres architecte
et peintre de la basilique de Saint-Pierre de Rome,
n'auraient pu bâtir à Paris dans le même style qu'à
Rome, parce qu'ils n'y auraient pas trouvé la même

pierre ; et cette influence du sol local s'étend à des choses bien autrement élevées.

A l'ombre des petites chaînes calcaires, inégales, ramifiées, abondantes en sources, qui coupent la Grèce et l'Italie ; dans ces charmants vallons, riches de tous les produits de la nature vivante, germèrent la philosophie et les arts. C'est là que l'espèce humaine a vu naître les génies dont elle s'honore le plus, tandis que les vastes plaines sablonneuses de la Tartarie et de l'Afrique, ont longtemps réduit leurs habitants à l'état de pasteurs errants et farouches. Nos départements granitiques produisent sur tous les usages de la vie humaine, d'autres effets que les calcaires : on ne se logera pas, on ne se nourrira pas, et le peuple, on peut le dire, ne pensera jamais dans le Limousin ou dans la Basse-Bretagne, comme en Champagne ou en Normandie.

Il est donc intéressant à tous les points de vue de rechercher comment est faite, dans son intérieur, cette terre dont nous habitons la surface, et quelles sont les merveilles qu'elle cache dans son sein. Pour satisfaire notre curiosité, nous sommes malheureusement réduits à une sphère d'observation très bornée, car nous ne pouvons nous flatter de voir de nos propres yeux, que là seulement où l'écorce de la terre est mise à découvert par de profondes coupures, par des éboulements de rochers, causés par des catastrophes plus ou moins violentes, et surtout par les travaux que l'homme a entrepris pour extraire des entrailles de la terre les substances dont il avait besoin.

Mais avant d'entreprendre ce voyage de touriste à travers l'écorce du globe, il ne sera pas sans intérêt de lier un peu connaissance avec cette vaillante population de mineurs qui passe précisément sous terre la plus grande partie de son existence, et qui produit les véritables pionniers de la civilisation et du progrès.

C'est ce que nous allons faire dans le chapitre suivant.

CHAPITRE II

Je ne crois pas que l'on puisse trouver une classe
d'individus, si ce n'est peut être les marins, qui soit
plus superstitieuse que celle des mineurs. On se l'explique facilement par leur genre de vie, qui plus que
tout autre doit développer le sentiment du merveilleux, dans une lutte de tous les jours avec les élé-
ments et les puissances souterraines. Bien des choses
resteront toujours des énigmes pour le simple mineur,
et le progrès des lumières n'a pu encore, dans certaines contrées, déraciner la crainte des forces mystérieuses de la nature, et la croyance aux esprits fol-
lets, aux kobolds ou génies des montagnes.

Il y a, du reste, un grand nombre de traditions,
sur les découvertes des filons, qui approchent du
merveilleux. En Espagne, ce sont des bergers qui ont
découvert des gisements d'argent, en trouvant du
métal fondu sur le sol de forêts détruites par le feu.
— On attribue à un chasseur indien du nom de

Hualpa, la découverte des fameuses mines de Potosi, dans le Pérou (1545). En poursuivant un animal, il rencontra devant lui un talus assez abrupt ; dans le but de le gravir plus aisément, il s'accrocha aux branches d'un petit arbuste, mais l'arbre céda et l'entraîna dans sa chute. Il fut néanmoins bien payé de sa mésaventure à la vue de quelque chose de brillant dans le trou qu'avait laissé l'arbuste, et que l'on reconnut bientôt pour être l'extrémité d'un grand filon d'argent pur. — Un pauvre homme, en cherchant du bois, aperçut le premier les riches agrégats d'argent que renferme le sol stérile de Copiapo, dans le Chili (1832). — Une tradition attribue la découverte des mines de Kremnitz et de Schemnitz, en Hongrie, à des gélinottes et à des perdrix, dans le corps desquelles on avait trouvé des grains d'or, comme on trouve quelquefois du sable dans les intestins de quelques animaux. — A Brunswick, dans l'Amérique du nord, on devrait la découverte d'un très riche filon de cuivre à des paysans qui auraient aperçu une flamme bleue qui s'éleva à plus de six pieds au-dessus du sol, et qui s'éteignit bientôt après ; en creusant, on trouva plusieurs amas de cuivre natif. Les mineurs de la Transylvanie, croyaient aussi que des flammes bleuâtres à la surface de la terre, indiquaient des gisements de filons métalliques. — Born, qui a rendu de si grands services à l'exploitation des mines, en Autriche, et à la parole duquel on peut ajouter foi, raconte que l'inflammation d'un gaz dans la forêt de Nagy-Ager occasionna la découverte du filon métal-

Fig. 1. — Mine d'argent.

lique qui s'y trouve. — Une tradition existe encore à Falun, en Suède, si célèbre par ses mines de fer, que l'on a pris un cerf dont les bois étaient revêtus d'une couche de fer oxydé.

Il est presque impossible de faire la part de la vérité dans ces récits, dont quelques-uns sont difficiles à croire. Christophe Colomb, qui regardait l'or comme un des trésors sacrés et mystérieux de la terre, raconte que les habitants d'Hispaniola, avant de se mettre en route pour aller rechercher ce précieux métal dans les montagnes éloignées, se préparaient à ce voyage, par des jeûnes et des mortifications.

Un exemple également frappant de la superstition des mineurs, qui prouve combien les préjugés populaires sont difficiles à détruire, c'est la baguette divinatoire, cet oracle du dernier siècle. On est porté à croire que l'on a commencé à s'en servir en Allemagne dans le xie siècle ; un espagnol en introduisit l'usage dans les mines de Cornouailles, où les mineurs croyaient qu'elle perdait de sa vertu, du moment que l'on doutait de son infaillibilité.

Dans certaines contrées de l'Amérique du nord, la baguette divinatoire n'a pas encore perdu complètement son prestige.

La profession de mineur, d'un caractère si particulier, exige une patience infatigable, une application opiniâtre, une vigilance continuelle, et beaucoup de courage et de résolution. Les obstacles à surmonter, les privations, les fatigues, tous les dangers et les souffrances, qui forment le cortège habituel de la vie du mineur, ne peuvent trouver leurs semblables que dans la vie du marin.

L'imagination se représente difficilement l'existence des mineurs et ses phases multiples qui nous frappent d'étonnement par leur grandeur, tout en nous glaçant d'épouvante.

Un sentiment tout particulier, une secrète répugnance nous saisissent lorsque nous parcourons pour la première fois ce monde souterrain. On frissonne, on se sent pris de vertige, le cœur est rempli d'effroi, rien qu'à la vue de ces échelles perpendiculaires que montent et descendent hardiment les intrépides travailleurs. Ce réseau de galeries si nombreuses, qui se croisent dans toutes les directions et vont se perdre dans une nuit mystérieuse ; ces voûtes et ces portiques élevés que la main de l'homme a creusés depuis un temps immémorial ; ce labyrinthe dans lequel on ne saurait pénétrer sans guide ; la faible clarté des petites lampes des mineurs qui brillent dans l'obscurité, çà et là de grandes masses de lumière au travers desquelles paraissent et disparaissent des figures mystérieuses comme des ombres ; le silence qui n'est interrompu que par le bruit des marteaux des travailleurs, le bruissement des eaux, les cris des roues, le gémissement monotone des machines qui élèvent le minerai ; puis les ébranlements causés par les explosions des mines, que l'écho multiplie, et dont le bruit finit par s'évanouir dans de faibles oscillations, et enfin ce sentiment pénible et mêlé d'une sorte d'angoisse, qui nous saisit dans ces galeries si basses que l'on ne peut, le plus souvent, les parcourir que courbé, au milieu des débris que l'on heurte à chaque pas, la crainte de se briser le crâne au plafond, l'effroi iné-vitable qui nous saisit en contemplant ces masses de rochers qui menacent de nous engloutir, et cet abîme d'une profondeur prodigieuse, tout concourt à faire de l'intérieur d'une mine un tableau à nul autre pareil, et à nous causer des impressions que l'on n'oublie jamais.

Sous le point de vue philosophique, l'intérieur d'une mine présente un vif intérêt. Les mœurs de cette population presque séquestrée du monde des vivants, qui passe sa vie entière ensevelie dans les ténèbres, vouée à de pénibles travaux, offrent un vaste théâtre à l'observateur intelligent. Libre, indépendant, joyeux, le mineur garde religieusement les usages et le costu-me de ses pères dont il a conservé les antiques vertus.

Les peintres de mœurs qui n'ont observé l'Espa-gnol que dans quelques grandes villes où la misère l'a abruti, auraient trouvé dans les montagnes de l'Es-tramadure un peuple laborieux, actif, qui a hérité de la noblesse et de l'énergie des conquérants du Mexi-que et du Pérou. Il n'en est pas de même du mineur de l'Amérique du sud, qui heureusement fait excep-tion ; brutal, adonné à toutes les débauches, rejetant tous les liens de la société, il offre un contraste frap-pant avec les mœurs de ses frères d'Europe, et surtout avec celles du mineur allemand qui est un sujet d'ad-miration à laquelle se mêle presque toujours un sen-timent de pitié.

CHAPITRE III

Exploitation des mines. — Galeries sous la mer. — Les mines dans
la région des glaciers. — Le tunnel de Pausilippe. — Catacombes
de Rome.

Les gisements de minerai qui ont une grande
étendue en longueur et en largeur, et une grande
épaisseur ou puissance, sont exploités le plus généralement à ciel ouvert, comme on le pratique dans
les mines de fer de la Suède ou de la Sibérie. Comme,
par exemple, dans les immenses mines de Danné-
mora, une des plus anciennes et des plus célèbres
mines de fer de la Suède, dont on a publié un grand
nombre de descriptions, et dans celles de Presberg,
également célèbres par leurs richesses minérales.

Les mines creusées dans une roche très dure peuvent supporter le poids et la pression de la montagne
qui les domine; mais celles qui se trouvent dans
une roche tendre qui ne pourrait supporter la pression de la montagne, doivent être revêtues de char-

pente ou de maçonnerie, pour les consolider et préserver la vie des travailleurs.

Lorsque les mines sont très vastes on a soin de
laisser des piliers dans le roc, qui soutiennent la toi-
ture et préviennent les crevasses qui, sans cela, se
formeraient bientôt. Dans les exploitations où l'on
n'a pas pris la précaution de consolider ainsi les
voûtes, il arrive souvent que des éboulements sur-
viennent dans les vastes salles, et il se forme alors à
la surface du sol de véritables abîmes, comme cela a
eu lieu à Falun. Ces mines sont regardées comme
les premières exploitées de la Suède, et la tradition
populaire raconte que Salomon y envoya chercher
le cuivre qui fut employé à la construction du temple
de Jérusalem. On exploitait autrefois ces mines très
négligemment et avec beaucoup de prodigalité. Vers
la fin du xvi° siècle, les pans de roche qui entouraient
l'entrée de la mine s'écroulèrent soudain avec un
bruit épouvantable qui fut entendu à plusieurs lieues
de distance. Il se forma un gouffre comme on n'en
avait jamais vu. Large de six cents pieds et d'une
longueur de douze cents pieds, il atteint dans certains endroits sept cents pieds de profondeur. Quand
on s'avance, et qu'appuyé sur le garde-fou qui pro-
tège les curieux, on jette les yeux dans cet abîme, on
ne peut s'empêcher de frissonner. Cette catastrophe
qui, heureusement, ne coûta la vie à aucun ouvrier,
par suite de leur absence momentanée de la mine,
eut lieu en 1768, et le gouffre s'est peu à peu agrandi
encore par des éboulements partiels.

Au Pérou, où les mines sont exploitées au libre arbitre de chacun, sans que des règlements dirigent la manière d'exploiter, et où l'avidité des propriétaires n'a aucun frein, il arrive souvent que des mines s'écroulent en partie ou tout à fait. Les abîmes qui en résultent ressemblent à de vastes cratères. Un grand nombre d'individus y trouvent la mort, et l'on cite certaine mine où plus de cent travailleurs ont péri dans un seul éboulement.

Du reste l'habitude ôte toute crainte au mineur, qui est plein de confiance dans la dureté et le degré de résistance dont est susceptible la roche qu'il perce, et il se croit complètement en sûreté dans ses galeries souterraines. Plusieurs villes, qui se trouvent dans un pays riche en mines, comme Freiberg, dans l'Erzgebirge, en Saxe, Klausthal et Andriasberg, dans le Haut-Harz, sont situées sur un sol miné par des galeries, et même il y a des puits qui ont leur sortie dans l'intérieur de la ville. Il y a aussi des villes telles que Schemnitz et Wieliezka, dont le sol est complètement miné. Ce qui est bien plus remarquable encore ce sont les mines qui sont situées sous la mer, telles que quelques mines de houille dans le Cumberland, d'étain et de cuivre dans les Cornouailles, qui s'étendent très loin dans le sein de l'Océan. Dans la province de Saint-Just, en Cornouailles, il y a une mine que l'on a été obligé d'abandonner à cause du danger imminent d'engloutissement, où l'on n'avait laissé qu'une masse de roches de dix-huit pieds de hauteur qui séparait l'intérieur de la mine du fonds de

la mer. Lorsque le temps était beau on entendait le
bruissement des flots jusque dans les profondeurs
des puits et galeries, mais, lorsque la mer était ora-
geuse, le mugissement des flots agités qui se brisaient
contre les roches, causait un fracas épouvantable ; à
un certain point où le minerai était en abondance,
les mineurs, sans y prendre garde, ne laissèrent qu'un
intervalle de quatre pieds. Le bruit des flots était si
effrayant, que bien des fois les travailleurs épouvan-
tés s'enfuirent, craignant que l'eau ne brisât cette
faible barrière. Une autre mine de Cornouailles, au
cap Landsend, très riche en étain et en cuivre, est
très proche de la côte. Les puits descendaient déjà,
en 1834, à la profondeur de neuf cent soixante pieds,
et les galeries souterraines s'avançaient dans le sein
de la mer à une profondeur de neuf cents pieds. Mais,
de toutes ces tentatives, la plus extraordinaire, et qui
est à peine croyable, eut lieu en 1778, au milieu de
l'Océan, et à quelque distance du port de Penzaure.
On apercevait à la basse marée, une roche de porphyre traversée par un filon d'étain, et à deux cents
mètres environ du rivage. Les flots se brisaient avec
violence sur cette roche, et, en hiver surtout, les vagues étaient si hautes et si dangereuses, que l'on dut
renoncer à tous les essais d'extraction de ce minerai.
Un seul homme ne fut pas rebuté par les obstacles :
Thomas Curtis, un pauvre mineur qui entreprit la
lutte et dont le courage et l'opiniâtreté dénotent une
énergie peu commune. Il passa trois étés à creuser
un puits, n'ayant que deux heures à travailler par

jour, et chaque jour obligé de vider l'eau qui avait
rempli ses excavations. Cette exploitation vraiment
merveilleuse, qui n'avait sa pareille nulle part, donna
de beaux bénéfices, et elle durerait probablement
encore, si un navire américain, chassé sur ses câbles,
n'eût été poussé par la tempête sur les constructions
qui furent immédiatement englouties par les eaux.
Il peut arriver qu'un jour, mais dans un avenir encore bien lointain, lorsque les filons de la terre ferme
seront épuisés, on les poursuive sous le sein de la
mer, ce qui amènerait une nouvelle et intéressante
époque dans l'histoire de l'exploitation des mines.

Tous les dangers auxquels sont exposés les mineurs ne sont pas tous à craindre dans les travaux
souterrains, ils ont encore à se préserver de ceux qui
les attendent à la surface de la terre, c'est-à-dire des
accidents auxquels ils sont exposés par la hauteur
des montagnes, l'âpreté de la température, etc. De
toutes les mines exploitées sur les montagnes, la plus
élevée de toute l'Europe était celle de Salzbourg dans
la plaine de Schlappe (Alpes). Maintenant il n'en
reste plus de traces, les glaciers ont envahi les prai-
ries et effacé tous les vestiges des bâtiments de
l'exploitation. Les mines de Rauris (Salzbourg) sont
situées entièrement dans la région des glaciers, et
presque toutes les galeries vont aboutir à la glace
perpétuelle, brillante et limpide comme du cristal.
Les cabanes des mineurs sont également entourées
de glaciers. Au sommet du Goldberg, dans le même
pays, une galerie traverse un glacier sur une longueur

de plus de cent pieds. La plus élevée de toutes les
mines exploitées actuellement en Europe, est la mine
d'or située au fond du *petit Fleiss*, vallée des Alpes,
sur la frontière du pays de Salzbourg et de la Carin-
thie. Tout auprès on voit une *halde*, ou amas de dé-
blais, d'une galerie entièrement entourée par les
glaciers. Elle est située à huit mille sept cent quatre-
vingt-onze pieds au-dessus du niveau de la mer. Les
cabanes des mineurs, à l'entrée des puits, sont chaque
hiver ensevelies sous les avalanches, et au printemps
ils sont obligés de les découvrir sous la neige.

Les masses de roches offrent plus ou moins de
résistance aux travailleurs. Quand la roche est tendre
on peut simplement se servir du pic pour l'attaquer.
Un exemple remarquable de ce genre de roches tendres, nous est fourni par le *tuf* de Pausilippe, aux
environs de Naples, dans lequel on a percé une route.
Ce tuf, sorte de matière terreuse, est un produit volcanique, composé de lave brisée et de scories ré-
duites en poudre que l'eau a mélangées et déposées
en forme de couches. Cette espèce de roche porte
le nom des montagnes qui en sont formées, et qui
s'étendent en une chaîne non interrompue du cap de
Pausilippe jusqu'au cap de Chino, à l'extrémité de la
ville de Naples. Ces montagnes sont escarpées, nues
et descendent perpendiculairement jusqu'à la mer
par des murs si raides que l'on a été forcé d'y pratiquer des degrés. Cette roche est si facile à travailler
avec le pic, ou tout autre outil du même genre, que
les lazzaroni ont creusé un grand nombre de petites

Fig. 2. — Grotte de Pausilippe.

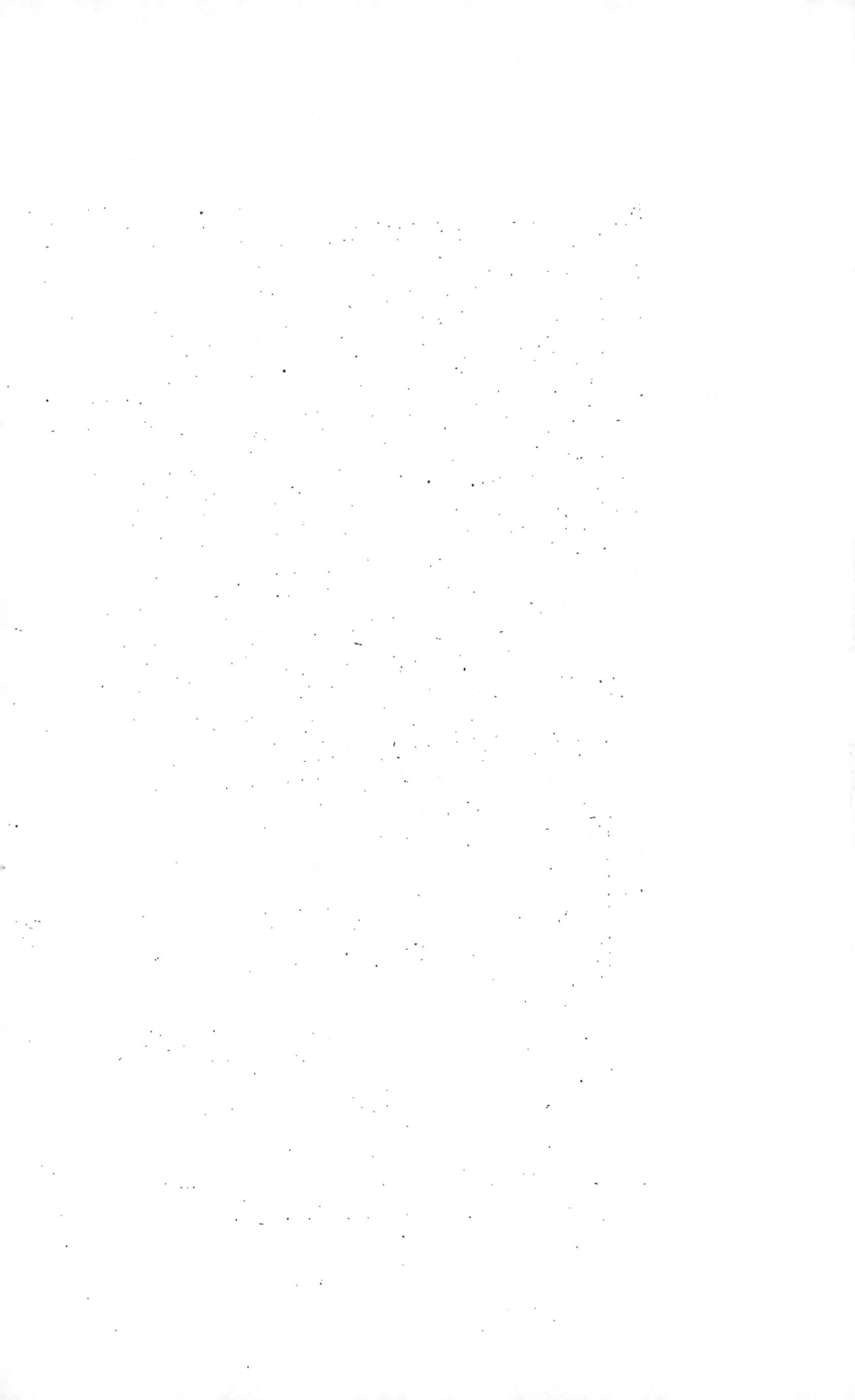

grottes sur le bord de la mer, qui leur servent d'habitations.

Pour relier Naples à Pouzzoles et dans l'impossibilité de pratiquer une route au-dessus de ces montagnes, on a creusé un tunnel en ligne droite dans lequel deux voitures peuvent facilement passer de front. La plus profonde obscurité enveloppe l'époque où ce travail a été fait et par qui il a été ordonné. La tradition populaire l'attribue à un enchantement de Virgile, dont on montre le tombeau à l'entrée de la voûte, du côté de la ville. Selon une autre tradition, ce serait Coccejus, grand-père de l'empereur Nerva, qui l'aurait fait construire en quatorze jours en y employant cent mille hommes, mais elle n'est pas plus croyable que la première. Ce qu'il y a de plus plausible, c'est que cette route date d'une époque antérieure à la domination des Romains dans cette partie de l'Italie. Sénèque raconte avoir traversé ce souterrain en allant de Baies à Naples, et il se plaint de l'obscurité, du manque d'air et de la poussière. Les catacombes de Rome nous fournissent un exemple de travaux semblables.

Le sol du pays, nommé la campagne de Rome, est formé d'une pouzzolane à grains très fins, et d'une couleur brune. Dans cette terre, légère et compacte tout à la fois, les chrétiens, profitant des retraites que leur offraient d'anciennes carrières de pouzzolane, creusèrent des chemins sans nombre, pour échapper aux persécutions auxquelles les exposait la religion nouvelle.

Les ramifications de cet immense labyrinthe s'étendaient jusque près du port d'Ostie, à vingt kilomètres de Rome. On peut marcher debout dans ces galeries nommées catacombes, à cause des sépultures qu'elles renferment. Elles ont trois pieds de large, et sont bordées, de chaque côté, d'un nombre immense de niches creusées dans la pouzzolane, où l'on inhumait les morts, parallèlement au chemin ; on recouvrait les fosses avec une pierre ou une ardoise cimentée de plâtre.

On y trouve également beaucoup de petites chambres, contenant des débris d'autels et des cercueils en terre battue, destinés aux papes et aux évêques comme l'indiquent les inscriptions. Là furent, dit-on, inhumés quatorze papes et environ cent soixante-dix mille chrétiens. Sainte Lucine, la protectrice de la Rome moderne, y transporta le corps de saint Sébastien et ceux des apôtres saint Pierre et saint Paul, qui restèrent cachés dans un puits que, naturellement, on conserve dans une chapelle souterraine.

Ces catacombes, autrefois parcourues sans danger, ont coûté la vie à plusieurs personnes que la curiosité avait entraînées trop loin, et depuis, les issues en sont à peu près fermées. Du reste, le sol des environs est tellement perforé par des éboulements successifs, que souvent on y aperçoit des ouvertures et des galeries.

Anciennement, quand les roches étaient dures, on les exploitait le plus généralement à l'aide de feux de bois. On emploie encore ce procédé dans quelques localités, à Danemorra, en Suède, à Goslar dans le Hartz, et dans quelques mines d'étain de l'Erzgebirge (Saxe).

Tite-Live raconte que les Carthaginois, au passage des Alpes par Annibal, se servirent du feu pour fendre les rochers et s'ouvrirent un passage pour les chevaux et les éléphants. Un autre historien de l'antiquité, Diodore, rapporte que, dans les mines d'Égypte, on se servait du feu pour extraire le minerai, et un passage du livre de Job peut très bien se rapporter à ce genre d'exploitation.

Quant au vinaigre, dont quelques historiens parlent, que l'on employait pour amollir les roches tendres, ce ne peut être qu'un malentendu ou un préjugé sans aucun doute.

Depuis 1615 l'exploitation se fait à l'aide de la poudre.

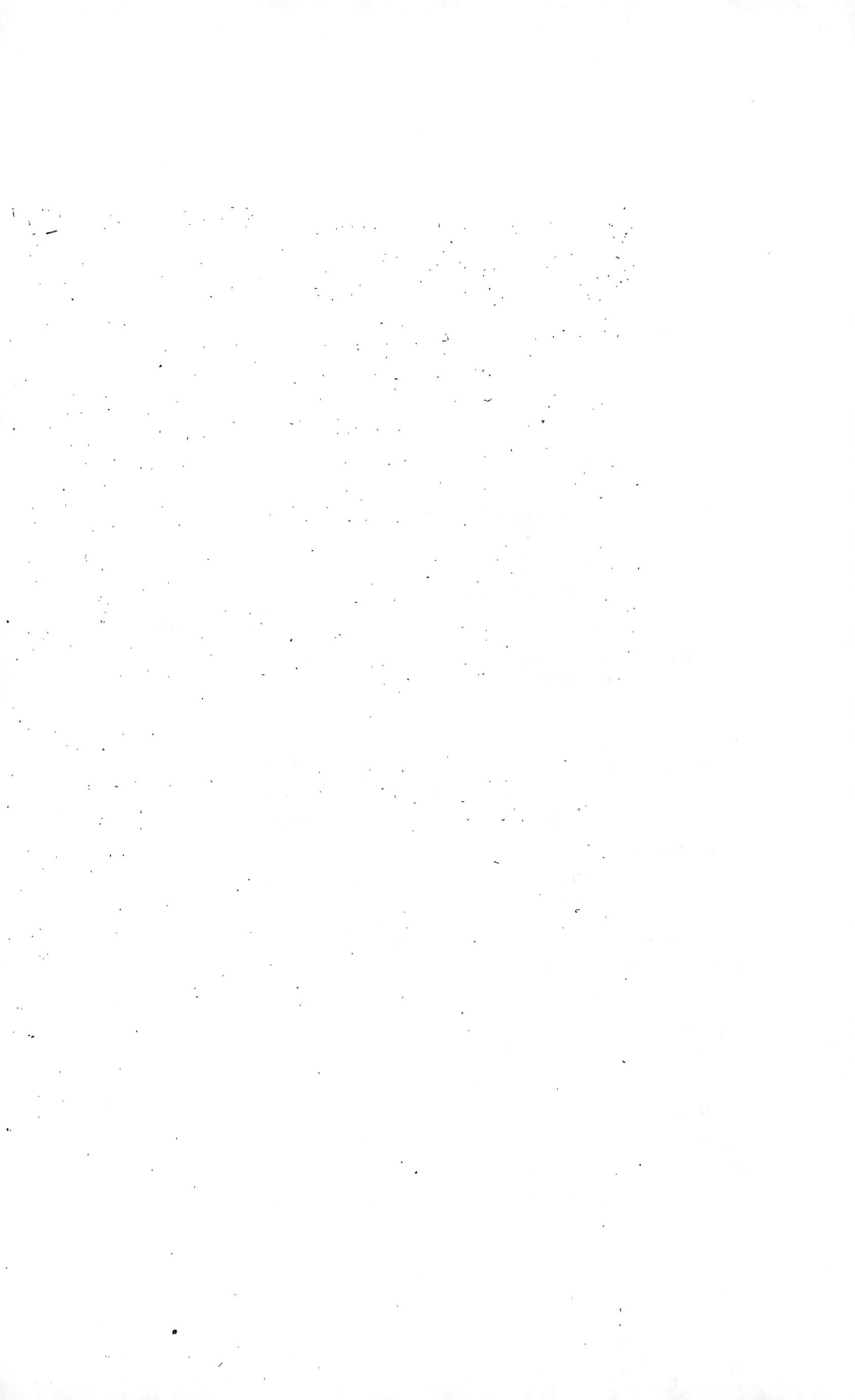

CHAPITRE IV

Fer météorique. — Or et argent. — Cuivre et plomb. — Arsenic, antimoine et bismuth. — Platine.

Le plus grand nombre des instruments et des outils qui sont indispensables aux besoins de la vie, et d'une nécessité pressante pour les arts et métiers, sont préparés avec les métaux.

L'amélioration, la perfection des mœurs sont dûes également à l'application des métaux aux choses usuelles de la vie, et l'on peut dire que c'est la cause qui a le plus contribué aux progrès de la civilisation, même dans les climats les plus favorables aux développements de l'espèce humaine.

On classait autrefois les métaux d'après leur rang et leur dignité. Dès l'antiquité la plus reculée, on a dû travailler les métaux précieux et ceux qui sont les plus malléables et les plus ductiles pour en faire des vases et des ornements ; et, si besoin en était, l'Écriture sainte et ses historiens sont là pour attester

que l'on a de bonne heure regardé l'or et l'argent
comme des métaux précieux et de grande valeur. Les
métaux précieux ont dû d'abord être connus dans
l'Arabie centrale et dans l'Égypte ; peut-être même
ont-ils été rapportés des bords de l'Euphrate. Moïse
raconte que du temps d'Abraham, on savait déjà les
travailler et les mettre en œuvre. On s'en servait
comme monnaies et on en faisait des ornements. On
lit dans le *livre des Rois*, que Salomon fit venir d'Ophir
des chargements de métaux. Les vases du temple
étaient de l'or le plus pur ; l'argent avait alors peu de
valeur, et le livre sacré dit, à l'appui de cela, que le roi
avait autant d'argent que de pierres. D'après les anciens historiens, les trésors des souverains de la
Phénicie et de la Perse n'étaient pas moindres que
ceux de Salomon. Les richesses de Crésus, le dernier
roi de Lydie, ont passé en proverbe. Les conquêtes
des Romains apportèrent à Rome des trésors incal-
culables en métaux monnayés, ainsi qu'en vases et
ornements. Et comme les richesses de cet empire
s'étendaient de plus en plus, et que tous les trésors du
monde se rassemblaient comme vers son centre, il a
été possible à quelques auteurs de les porter à des
sommes presque incroyables.

De tous les métaux, le fer est celui que la bien-
faisante sagesse de la nature nous a donné en plus
grande quantité qu'aucun autre, et que l'on peut ap-
pliquer le plus généralement, et de toutes les manières,
aux arts et métiers et pour tous les besoins de la vie
sociale. Si l'or et l'argent occupent le premier rang

par l'éclat qui les caractérise et aussi par la résistance qu'ils opposent à la destruction, le fer occupe
comparativement un rang plus élevé, si l'on regarde
son utilité.

L'histoire est là pour nous montrer sa nécessité
absolue et son importance. Le fer satisfait à des besoins
innombrables, et il a créé à l'homme des jouissances
qu'il ignorerait sans lui ; c'est à ce métal que l'agriculture est due, et sans le fer, la charrue n'aurait pas
sillonné le sein de la terre. Si l'homme ne l'eût pas
possédé, il aurait ignoré tous les arts, et serait probablement encore dans l'état sauvage, et il aurait été
obligé de disputer, par la force brutale du corps, sa
nourriture aux autres animaux.

Quand le capitaine Cook et les premiers naviga-
teurs entrèrent dans l'océan Pacifique, une des choses
qui les frappèrent le plus, fut l'avidité que les indigènes manifestaient pour le fer. A leurs yeux rien ne
pouvait l'emporter sur ce métal, et le fer était, dans
les échanges, leur article favori. Avec un clou on
achetait un beau porc, et un jour le grand navigateur
acquit plusieurs centaines de livres de poisson pour
quelques couteaux ébréchés, qu'un ouvrier inhabile
avait grossièrement taillés dans les cercles d'un vieux
tonneau.

On ne s'étonnera pas de l'avidité que ces pauvres
sauvages montraient pour le fer, si l'on songe que
quiconque parmi eux était assez heureux pour de-
venir propriétaire d'un vieux clou, se trouvait aussitôt
un homme plus puissant que ses compagnons. C'est

que jusqu'alors, en effet, les Otahitiens tiraient du
bois, de la pierre et du silex leurs principaux instruments. Leurs haches étaient en pierre ; la gouge la
plus en usage parmi eux se fabriquait avec l'os d'un
avant-bras humain. Pour couteau, ils avaient, soit un
coquillage, soit un fragment de silex ou de jade. Une
dent de requin fixée à un morceau de bois, leur four-
nissait une tarière ; un morceau de corail leur servait
de lime, et la peau d'une raie de polissoir. Leur scie
se composait de dents de poissons fixées sur une
pièce de bois dur, et la façon de leurs armes n'était
pas moins grossière ; ils avaient des massues en pierre ;
des lances et des flèches garnies de silex, etc., etc.

L'absence d'outils a été sans doute un grand obs-
tacle au progrès de toutes les nations avant que l'art
de fondre et de travailler les métaux fût connu. Il est
très vraisemblable qu'en abordant nos côtes, les na-
vigateurs phéniciens trouvèrent chez nos ancêtres la
même avidité pour le fer et le bronze. Les sauvages
bretons, à la chevelure et au visage couverts d'une
teinture bleue, accouraient vers le rivage pour voir
de près les navires, et apportaient aux étrangers des
aliments et des peaux en échange des produits d'une
civilisation plus avancée.

Le fer, bien qu'il soit un des métaux les plus répandus, devait être un des derniers dont l'homme
pût se rendre maître, car il se présente très rarement
à l'état pur, et pour l'extraire des combinaisons auxquelles il était mêlé, il fallait que l'on eût acquis une
somme déjà considérable de connaissances, et que

l'esprit d'invention ne fût pas entravé par les exigences de la vie sauvage. Les personnes étrangères à la minéralogie ne sauraient trouver la plus légère ressemblance entre le minerai informe que l'on vient d'extraire de la mine, et le fer ou l'acier livrés au commerce.

Les minerais de fer présentent des variétés très nombreuses et sont disséminés dans toutes les parties du monde. Mais le fer à l'état natif ne se rencontre que dans les aérolithes; de là le nom de fer météorique qu'on lui donne le plus généralement.

L'or est le métal que les hommes ont connu le premier. C'est en le cherchant que quelques aventuriers espagnols ont soumis les Indes occidentales. On le rencontre dans les terrains d'alluvion, et dans les sables de certaines rivières. La chaîne méridionale de l'Oural est renommée pour ses grands galets d'or, et tout le monde connaît la puissance et le développement des riches placers de l'Australie et de la Californie. L'or se trouve également en grande abondance dans l'intérieur de l'Afrique. Un voyageur moderne Edw. Bowdich rapporte que le trône du roi d'Ashanta, sur la côte de la Guinée supérieure, est en or massif, placé sous un dais magnifiquement orné de tambours, de cornets et autres instruments de musique du même métal. De grands anneaux d'or tiennent suspendus à des bandes de drap écarlate le sabre du souverain dont le tranchant et la poignée sont en or.

L'argent natif est beaucoup moins répandu que

l'or, mais les minerais qui le renferment à l'état de combinaison sont très nombreux. Les plus célèbres gisements d'argent se trouvent à des latitudes élevées et dans des contrées montagneuses très hautes. Quelques mines d'argent très importantes telles que Kongsberg, en Norwège, et Sala, en Suède, sont situées près des régions polaires. On trouve aussi ce métal dans les pays chauds, au Pérou, au Mexique, etc., dans le voisinage des sommets de hautes montagnes qui sont souvent celles qui ont des neiges éternelles.

Le cuivre se rencontre bien plus fréquemment que l'or et l'argent. Il existe dans un grand nombre de contrées à l'état natif et ses minerais sont très communs, notamment sur les bords de quelques torrents du haut Canada. C'est incontestablement un des métaux les plus anciennement travaillés, et dont on a pu autrefois recueillir une grande quantité jusqu'à la surface de la terre. Les Hébreux tiraient le cuivre de l'Égypte. Strabon attribue la découverte de mettre le métal en œuvre, au phénicien Cadmus qui vivait en Grèce l'an 1594 avant l'ère vulgaire, et ouvrit des mines dans l'une des montagnes de la Thrace. Les anciens Scandinaves se servaient d'armes en cuivre, et l'on a découvert dans le pays qu'ils habitaient des épées, des poignards, des couteaux dont le corps était en cuivre. On en conserve beaucoup au musée de Copenhague.

La *malachite*, que l'on trouve principalement dans les mines des monts Ourals, en Sibérie, est du cuivre carbonaté, d'une belle couleur verte, à nuances variées,

Fig. 3. — Laveurs d'or (Californie).

formant des veines ou rubans concentriques. C'est une substance rare avec laquelle on fabrique des tables, des vases, des socles, des chambranles de cheminées et une foule d'autres ornements. On voit au grand Trianon, près de Versailles, dans la salle dite des Malachites, des objets d'art exécutés avec ce minerai, qui sont d'une remarquable beauté et d'une richesse inouïe.

Le plomb se trouve quelquefois, mais très rarement, à l'état natif; mais c'est le plus souvent à l'état de galène (sulfure de plomb) qu'on le rencontre. Moïse en parle quelquefois. Les Romains revêtaient le fond de leurs vaisseaux avec des feuilles de plomb, et les fixaient avec des clous de bronze.

L'arsenic natif est très répandu, mais en petites quantités. Les anciens l'employaient en médecine. L'antimoine, à l'état natif est très rare : on ne l'a rencontré qu'à Allemont, en Dauphiné, et à Sala, en Suède. La combinaison d'antimoine et de soufre se trouve, au contraire, dans un très grand nombre de contrées. Dans l'antiquité, on s'en servait comme d'un fard noir, et il en est encore de même dans certaines parties de l'Afrique et de l'Asie. Il s'en vend en grande quantité au marché de Chendy (Nubie); les habitants du pays s'en servent pour teindre leurs paupières.

Le bismuth natif est également très rare; il est d'un blanc d'argent très vif. On l'a rencontré dans l'Erzgebirge, dans les duchés de Hesse et de Bade, et dans certaines parties de la France. Les Grecs et

3

les Arabes paraissent n'avoir pas connu ce métal.

Le platine natif a été découvert, en 1735, en Amérique par Ulloa qui faisait partie de la célèbre expédition entreprise pour déterminer la figure de la terre. On le rencontre dans les terrains d'alluvion. Les plus grosses masses que l'on connaisse viennent des mines Demidoff, dans l'Oural.

A l'exception du mercure dont nous parlerons plus loin, on n'a pas encore rencontré les autres métaux à l'état natif ; mais leurs minerais sont répandus dans les différentes parties du monde. On les exploite presque partout par puits et galeries.

CHAPITRE V

Dangers des mines. — Les mines d'Idria et les condamnés
autrichiens.

Le vif-argent, ou comme on l'appelle en minéralogie, le mercure, est d'un grand usage pour l'extraction des autres métaux, et a de plus une très grande
utilité par lui-même. Il a une grande tendance à
s'unir à l'or et surtout à l'argent. Les célèbres mines
de Potos auraient été presque inutiles, si, dans la
même contrée, on n'avait pas en même temps découvert une mine de mercure.

Cette mine est située à Guanza-Velica; elle est
exploitée depuis trois siècles et demi environ, et ne
semble pas diminuer de richesse.

Quand on est arrivé au fond de la mine, on trouve
une vallée souterraine avec des rues larges, de grandes places, et une chapelle dans laquelle toutes les
cérémonies de la religion catholique s'accomplissent,
spécialement les jours fériés. Des milliers de flambeaux brûlent continuellement pour éclairer cette

ville d'un nouveau genre et produisent un effet
magique.

Il n'y a pas de production minérale aussi dange-
reuse que le mercure pour ceux qui l'exploitent. Les
mineurs souffrent beaucoup de tremblements, de
langueur, de convulsion. Ce sont les Indiens qui sont
contraints à ce cruel travail. Ces pauvres victimes de
l'avarice et du despotisme travaillent nues, dans les
entrailles de la terre par un froid excessif. A la vérité,
la durée nominale de leurs services n'est que de six
mois : mais souvent on les fait durer plus longtemps.
Au surplus, il y en a beaucoup qui ne survivent pas à
cette période, et ceux qui résistent plus longtemps
sont réduits à un état de langueur tel, qu'il est rare
qu'ils retournent chez eux. Ils s'établissent dans le
voisinage de la mine et deviennent esclaves tout le
reste de leur malheureuse existence.

Il y a aussi en Europe des mines de mercure fort
importantes. L'une des plus remarquables est située
à Idria, en Carniole, et appartient à l'empire d'Autriche. Les condamnés à des peines afflictives pour certains crimes sont envoyés là pour travailler à la mine.
Cette punition est un état de souffrance prolongé qui
équivaut à plusieurs morts. Ils travaillent dans l'obscurité, ou du moins fort loin de la lumière du soleil,
usant dans la peine une misérable vie. L'entrée est
pratiquée sur le revers de la montagne et elle a lieu
par un trou d'environ 15 pieds de large. Lorsqu'on
se trouve au fond, le sol sur lequel on marche résonne le creux. Le bruit des pieds trouve des échos

dans ces lieux caverneux et rappelle le grondement
du tonnerre; de pâles lampes sont placées çà et là,
et peuvent à peine guider les travailleurs.

Les habitants de ces sombres régions sont encore
plus lugubres qu'elles-mêmes, non seulement à cause
de leur misérable et sale aspect, mais aussi par le
malheur que tout en eux fait pressentir. Ils seraient
pâles comme des linceuls, ils auraient l'air de spec-
tres, sans la couche noire qui les recouvre en tra-
vaillant dans la mine. Comme ce sont des malfaiteurs,
leur physionomie est, en général, loin d'être agréable
et offre l'image prononcée de leurs vices. Ajoutons à
cela la marque du désespoir et de l'affaissement, et le
tableau sera complet. Ces malheureux perdent bientôt l'appétit, et les plus fortes constitutions ne résistent
pas souvent plus de deux ans à tant de causes réunies
de destruction. La mort vient après ce terme mettre
fin à tant de souffrances.

Ces mines découvertes en 1497, sont très curieuses
à visiter. Il faut plusieurs heures pour parcourir tous
les sentiers, les passages et les recoins qui ont été
pratiqués dans les entrailles de la montagne.

En Espagne, dans la province de la Manche, si
fameuse par les exploits de don Quichotte, et près de
la ville d'Asmaden, il y a également quelques mines
de mercure fort importantes. On trouve dans ces
mines le mercure à l'état natif; il n'y a qu'à le recueillir par distillation. Mais la majeure partie est à l'état
de cinabre (combinaison de mercure et de soufre).
On trouve aussi des gisements de cinabre dans les

environs d'Alicante, et près de Valence, mais il ne
sont pas exploités.

Les gisements de mercure de la Bavière rhénane
ont été longtemps célèbres. Le petit district de mercure de l'ancien palatinat du Rhin (duché des Deux-
Ponts) a été autrefois une conquête très profitable à la.
France, car l'achat du mercure était resté un tribut
que chaque nation devait payer à l'Autriche et à
l'Espagne, jusqu'à ce que la rive gauche du Rhin fût
tombée entre les mains des Français dans les premières années de la Révolution.

CHAPITRE VI

Origine de la houille. — Naphte et bitume. — Ambre jaune.

Les houilles, don précieux de la nature, sont à plusieurs égards, de la plus grande valeur pour tous les pays. Il n'est pas rare que la destinée, le bonheur, le bien-être et même l'existence d'une population entière se rattachent à la présence de la houille, et ne dépendent de la recherche et de l'emploi de cette substance. La houille est l'âme de l'activité industrielle. Elle a rapporté à l'Angleterre une prospérité plus grande que tous les trésors du Pérou à l'Espagne, trésors qui n'ont produit que des résultats funestes : on méprisa peu à peu toutes les professions ; le caractère national s'avilit de plus en plus par l'orgueil et l'entêtement ; l'amour du travail disparut, tous les métiers tombèrent en décadence. L'exploitation si florissante en Espagne du temps des Romains, où l'on extrayait du plomb, de l'étain, du fer, du cuivre, de l'argent, de l'or, du mercure, diminuera de siècle en siècle, et tombera tout à fait à la suite de la découverte du nouveau monde.

On prétend que l'usage de la houille est connu en Chine depuis une époque fort reculée. Il paraît douteux que les Grecs et les Romains se soient servis de ce combustible, car la langue latine ne possède aucun mot pour le désigner, et l'Italie ne renferme pas d'exploitation de houille. Cependant Théophraste raconte que les fondeurs et forgerons de la Grèce faisaient une grande consommation de charbons fossiles qui venaient de la Ligurie et de l'Élide.

Suivant Wallis, auteur d'une histoire du Northumberland, les mines de houilles du nord de l'Angleterre furent exploitées par les Romains alors qu'ils étaient en possession de cette île.

Fig. 4. — Fossiles.

C'est sous Henri III, en 1272, que les mines de New-Castle, commencèrent à être exploitées d'une manière régulière. Les mines du pays de Liège furent ouvertes dès le xi° siècle. A Saint-Étienne on possède des documents inédits qui établissent que la houille y était employée dès le xiii° siècle. Toutefois l'usage ne s'en répandit en France qu'au commencement du xviii°. L'Allemagne qui était couverte de vastes forêts, ne sentit pas, tout d'abord, la nécessité du nouveau combustible, et ce ne fut que très tard que commencèrent les grandes exploitations de la Silésie.

La France possède 280,000 hectares de terrain houiller. Les bassins de la Loire et du Nord sont les plus productifs. La Belgique en possède 150,000 hectares, et l'Angleterre et l'Écosse 1,570,000.

La grande quantité de restes de végétaux qui se trouvent constamment dans tous les terrains houillers de l'ancien continent ainsi que du nouveau monde, ont dû conduire, de prime abord, à faire croire que les houilles provenaient du règne végétal. Elles sont dûes, en effet, à l'altération plus ou moins profonde d'arbres et de plantes d'espèces diverses existant dans les premiers âges du monde, avant l'apparition de l'homme, et qui ont été enfouis par le déluge et les autres grands cataclysmes qui ont bouleversé notre planète.

Ces restes végétaux ne sont pas tant remarquables par la multitude des plantes que par le petit nombre de familles auxquelles elles appartiennent, en outre, plusieurs de ces végétaux, n'appartenant à aucune des familles actuellement existantes, ont des dimensions gigantesques qui nous transportent dans les climats chauds des tropiques. C'est sous ces latitudes seulement que croissent maintenant des plantes de ce genre.

Une des preuves que les plantes croissaient là où elles ont été enfouies, et où elles ont été transformées, ce sont les troncs d'arbres restés debout sur les points où ils étaient enracinés. Les houillères de Sarrebruck, de Saint-Étienne, de Pologne, de Bohême, de Silésie, de Saxe, d'Écosse, présentaient, sous ce rapport des phénomènes identiques. Ces troncs doivent tous être classés parmi les fougères arborescentes, les licopodiacées et les calamites.

Comme je viens de le dire, les plantes que nous trouvons enfouies dans les terrains houillers, étonnent par leur multitude. Le sol qui les vit naître dut favoriser d'une manière particulière leur croissance rapide et puissante. Partout où l'on a examiné la formation houillère, on a vu des restes et des empreintes des mêmes espèces de plantes. Cette circonstance indique, entre autres choses, que les catastrophes par suite desquelles des forêts ont été englouties et des amas de plantes charriés, ont été déposés par lits entre des couches de vase et de

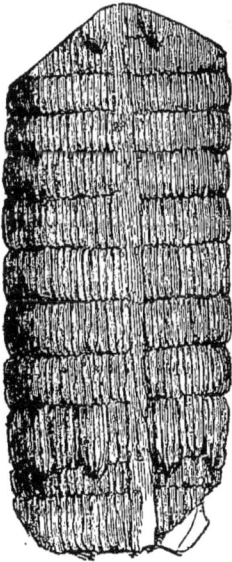

Fig. 5. — Calamite.

sable, sont arrivées à peu près simultanément sur toute la surface du globe terrestre, ou du moins durant des périodes peu éloignées les unes des autres.

Les lignites et les tourbes doivent leur existence aux mêmes phénomènes. Seulement, ces combustibles sont de formation plus moderne et doivent être considérés comme des points de transition entre la plante vivante et la plante transformée et passée à l'état de houille.

On n'est pas aussi bien d'accord sur l'origine du pétrole, de cette espèce minérale liquide, qui, depuis quelques années, a pris une si grande importance.

Le bitume liquide ou pétrole a une couleur jaune ou brune, souvent presque noire. Le naphte est une variété plus rare qui est transparente et limpide, et colorée faiblement en jaune ou en vert.

Il y a déjà un bon nombre d'années que l'on découvrit, par hasard, une source de pétrole dans le Kentucky, aux États-Unis. On cherchait du sel gemme, et l'on avait pratiqué pour cela dans la roche solide, un trou de sonde poussé jusqu'à une profondeur de 200 pieds : tout-à-coup, il sortit du sein de la terre un jet de pétrole qui s'éleva à 20 pieds au-dessus du sol. Cette source coula pendant plusieurs jours sans interruption et bientôt le Cumberland qui coule dans le voisinage fut entièrement couvert de bitume. Curieux de s'assurer de la nature inflammable de cette substance, les ouvriers y mirent le feu avec des torches et bientôt le fleuve offrit l'aspect d'une mer

de flammes ; les arbres du rivage furent même brûlés
sur une assez grande étendue.

Lorsque le pétrole reste longtemps exposé à l'air,
il devient plus foncé, plus opaque, plus tenace et plus
vigoureux. Peu à peu l'épaississement augmente ; il
forme alors le bitume glutineux ou goudron minéral ;
enfin, se durcissant complètement, il devient de l'asphalte ou bitume solide. Ce dernier se présente en
masse ou disséminé. Il est noir, opaque, et friable.

Le pétrole jaillit du sol et des marais. Il coule aussi
des fentes et des fissures du calcaire, surtout dans le
voisinage des terrains houillers. Sur les bords de la
mer Caspienne, les sources de pétrole s'élèvent au-
dessus du sol et forment un petit courant.

On a trouvé en France le pétrole à Gabian, près
de Pézenas (Hérault), ce qui lui a valu le nom d'huile
de Gabian. Cette découverte a eu lieu, en 1608. Diverses parties de l'Italie, la Galice, l'île de Zante, la
Perse, le Pégou, l'île de la Trinité, et surtout les
États-Unis comptent le pétrole parmi leurs particu-
larités les plus singulières. On le trouve également
en abondance le long des Carpathes, sur la mer Morte
et dans la vallée du Jourdain.

Les sources de l'île de Zante, célèbres depuis la
plus haute antiquité, sont encore telles qu'elles ont
été décrites par Hérodote, qui naquit 844 ans avant
Jésus-Christ.

Le lac de bitume liquide de l'île de la Trinité se
trouve auprès d'une colline à trois quarts de lieue de
la côte et à 80 pieds au-dessus du niveau de la mer.

On monte peu à peu jusqu'au lac, en marchant sur un terrain bitumineux, à peine couvert de terre et qui porte pourtant des massifs d'arbres et d'arbustes magnifiques, entre autres des ananas de toute beauté.

Les bords du lac sont fermes et solides, mais, au fur et à mesure que l'on s'avance, la couche bitumineuse se ramollit, et, vers le centre, elle est liquide et bouillonnante.

La mer Morte est nommée aussi lac Asphaltique, à cause de l'abondance du bitume qui s'y présente. La vallée du Jourdain était déjà célèbre à cause de cela, chez les anciens. Le célèbre écrivain du temps de César et d'Auguste, Diodore de Sicile, raconte que la mer produisait beaucoup d'asphalte, que des masses pareilles à de petites îles surnageaient au-dessus de l'eau. D'après Strabon, on voyait quelquefois le lac complètement rempli de bitume solide qui s'élevait du fond en bouillonnant. Un fait que tous les voyageurs confirment, c'est que des morceaux de bitume quelquefois très gros, flottent de temps en temps sur la mer Morte, et, lorsqu'il fait beaucoup de vent, ces masses sont poussées avec tant de force sur le rivage qu'elles se brisent.

Les bitumes étaient employés par les Égyptiens pour la conservation de leurs momies. En Arabie, on frotte les arbres avec du pétrole et de l'huile pour les préserver des insectes. Sur les bords de la mer Caspienne, on s'en sert pour l'éclairage et le chauffage ; mélangé avec de l'argile, il forme d'excellents mastics.

Les murs de Babylone étaient, en partie, revêtus de bitume.

Aujourd'hui la plus grande partie des huiles de pétrole nous vient des riches gisements des États-Unis, dont une partie, la Pétrolie, semble reposer sur une puissante nappe de bitume liquide.

Plus près de nous, les exploitations de pétrole, de roches ou de sables asphaltiques ont lieu à Lobsann (Haut-Rhin), à Gabion, à Seyssel, (Ain) et au Puy de la Pège (Puy-de-Dôme).

C'est peut-être ici le moment de dire un mot d'une autre richesse souterraine, de l'ambre ou succin, qui est une résine fossile, jaune, diaphane et homogène, présentant une odeur assez agréable, et susceptible de prendre un très beau poli.

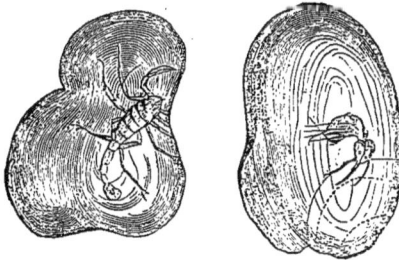

Fig. 6. — Scorpion et fourmi enfermés dans des morceaux d'ambre.

On rencontre l'ambre, en France, autour de Soissons et à Saint-Paulet (Gard); il accompagne les lignites. Cette espèce minérale existe en assez grande quantité dans les dunes sablonneuses qui bordent le

rivage de la mer Baltique entre Kœnigsberg et Mémel :
le mouvement des eaux en dépose beaucoup sur la
côte.

L'ambre paraît provenir d'une espèce de conifère
antidiluvien, dont on ne rencontre plus que les graines
et les cônes. Il était primitivement fluide comme le
prouvent les insectes et les brins de plantes qu'il contient quelquefois.

Les poètes anciens supposaient que les graines de
l'ambre provenaient des larmes des sœurs de Phaëton.

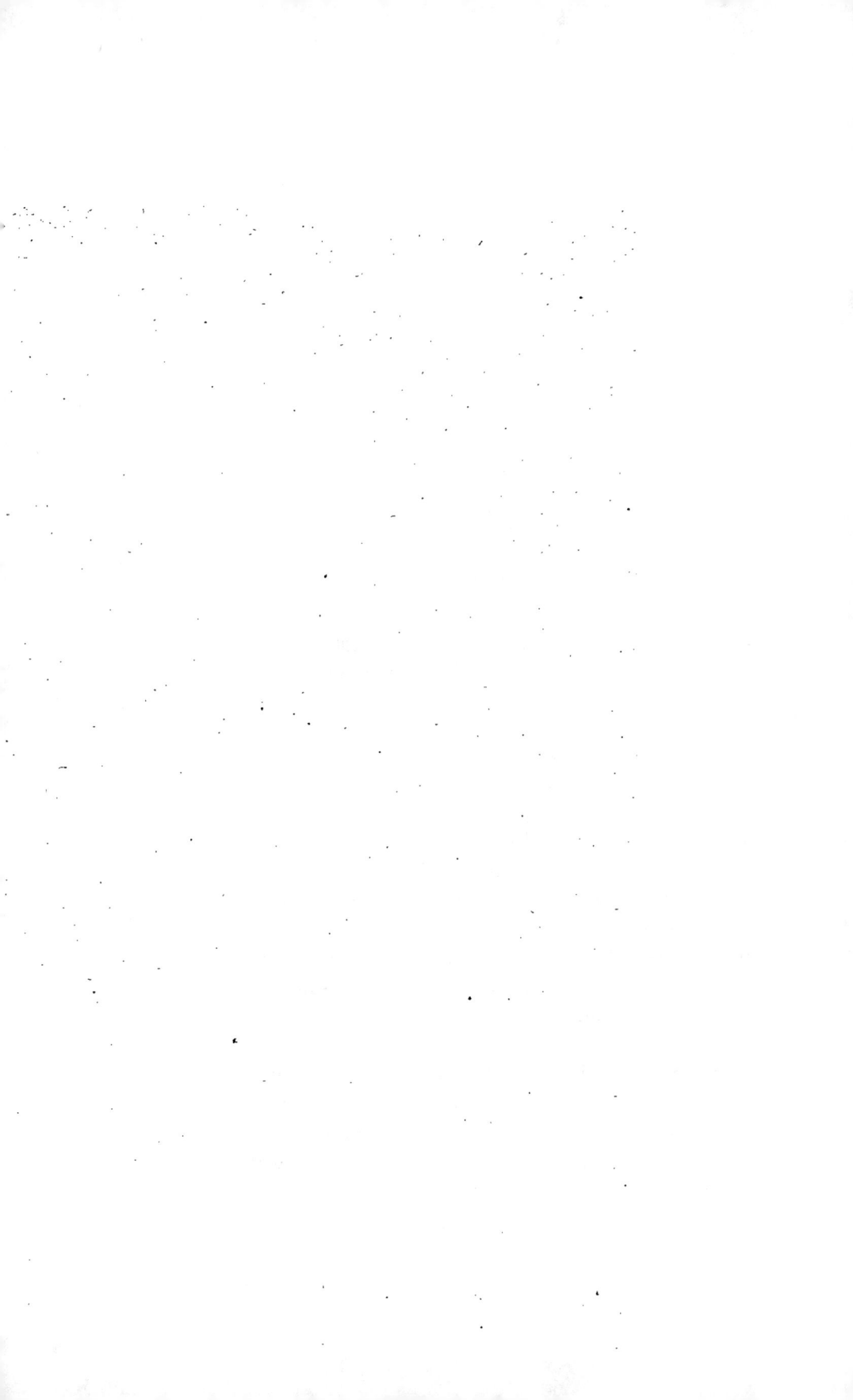

CHAPITRE VII

LES-CALCAIRES

Craie. — Argile plastique. — Moëllons et pierres de taille. — Sables et grès. — Calcaire oolithique. — Pierres lithographiques.

On donne le nom de calcaire à toutes les roches qui sont essentiellement composées de chaux carbonatée. Les géologues appellent formation calcaire l'ensemble de tous les calcaires qui se sont déposés depuis les temps historiques, et qui se déposent encore aujourd'hui dans les cavités de la terre et au fond de certaines eaux. Les variétés de calcaire sont très nombreuses, et donnent lieu à des exploitations fort importantes, car elles sont toutes utilisées pour les arts et l'industrie.

La *craie* (de *Creta*, île de Crète, pays très crayeux) est une roche tendre, grenue et formée des dépouilles de myriades d'êtres microscopiques, d'infusoires, qui vivaient dans la mer qui couvrait autrefois une partie de la terre, et notamment de la France. On y rencontre des débris d'oursins, de seiches (les pieu-

4

vres d'alors), de différents coquillages et de quelques
poissons.

La craie forme le sol de contrées entières, en
Angleterre, en Pologne, en Champagne, et principalement dans le bassin de Paris.

On l'exploite surtout autour de Meudon et de
Bougival. D'immenses galeries, ouvertes dans le sol
comme de gigantesques cryptes, donnent accès dans
les tailles où des ouvriers, armés de pics, abattent
la roche en gradins. Ces blocs sont pulvérisés, lavés
et réduits en pâte avec de l'eau, puis desséchés et
livrés en petits pains au commerce sous le nom de
blanc de Meudon ou de blanc d'Espagne.

La craie est également très visible sur les rives
de la basse Seine, au delà de Rouen. A Duclair et
dans tous les villages situés au bord de la route qui
longe le fleuve, les pêcheurs savent se faire de charmantes maisonnettes aux dépens des anciennes cavités percées par les carriers dans la couche crayeuse.
Ils se contentent de bâtir à l'entrée une façade avec
portes et fenêtres, et, à très peu de frais, ils deviennent
propriétaires d'un immeuble dont ils n'ont qu'à grat-
ter les murs pour les recrépir.

Au-dessus de la craie, dans le bassin de Paris, on
trouve l'argile, la *glaise* des ouvriers (mélange de
calcaire et de silice), répandue en énormes bancs.
D'une couleur gris-bleuâtre, rouge sur quelques
points, surtout à la partie supérieure. L'argile de
Paris est l'argile plastique par excellence. On l'exploite
au moyen de puits et de galeries par lesquels on va

attaquer le banc sous le sol, ou bien à découvert si la profondeur où gît le banc est faible. A Issy, on voit une immense exploitation conduite par cette dernière méthode. La faïence parisienne, jadis si renommée, était faite avec une variété blanche, très pure, de cette argile, qui est encore employée à Sèvres pour divers usages.

On fait avec l'argile plastique des statuettes, des briques, des tuiles, des tuyaux de drainage et de cheminées, etc.

Le calcaire coquiller, qui surmonte l'argile, est la pierre de taille et à moëllons par excellence. Certaines variétés dures, siliceuses, comme celles de Bagneux, servent à faire des marches d'escalier. Les marches du parvis de la Madeleine sont faites avec ce calcaire.

Le calcaire du bassin de la Seine, très compacte et très solide, se prête admirablement à toutes les exigences de la sculpture ; il se laisse très aisément entamer par le burin ou même par le rabot, et un homme, avec un peu de patience, peut en scier des blocs énormes.

N'est-ce pas un peu à cette complaisance de la pierre que nous devons les merveilleuses sculptures de Notre-Dame et de la Sainte-Chapelle, de même que cette profusion d'acanthes, de mascarons, de cariatides, de statues, qui décorent la façade de nos maisons modernes.

L'extraction du calcaire se fait avec la plus grande facilité dans les carrières des environs de Paris. L'enlèvement seul des masses colossales que l'on

détache de la roche, donne parfois beaucoup de peine,
surtout quand l'exploitation se fait au moyen de puits.
Il est vrai que ce procédé est le plus en usage à cause
de la cherté des terrains autour de la grande ville.
Mais, dans la plupart des carrières à ciel ouvert : à
Gentilly, à Arcueil, à Meudon, par exemple, la pioche,
le pic et le levier suffisent à l'extraction de la pierre
à bâtir. Les principales carrières actuellement exploitées sont disséminées autour de Paris, surtout sur la
rive gauche de la Seine. Partout, dans la campagne,
s'ouvrent les orifices des puits souterrains ou les
abîmes béants de vastes excavations à ciel ouvert.
Les puits sont couronnés de gigantesques roues à
chevilles, au moyen desquelles une grappe d'hommes,
les pieds sur les chevilles, fait remonter, par un câble
qui s'enroule sur l'arc de la roue, les masses déta-
chées sous terre. Ce genre d'exploitation prête à la
campagne un aspect original et vraiment étrange.

Tous les bancs dont on voit la *coupe* sur les parois
de la carrière ne sont pas exploités. Quelques-uns
sont en couches trop minces ; d'autres sont trop
friables ; d'autres, enfin, sont mélangés d'argile, de
marne ou de substances terreuses. Entre ces divers
bancs, on trouve encore des *lits* de sable, des *rognons*
de silex, de minces assises de pierre meulière ; mais
le sable seul est quelquefois recueilli pour servir à
la fabrication des mortiers.

Les carriers désignent ces diverses couches par
des noms distincts et souvent trop pittoresques. Les
bancs fournissant la pierre à bâtir sont les plus durs

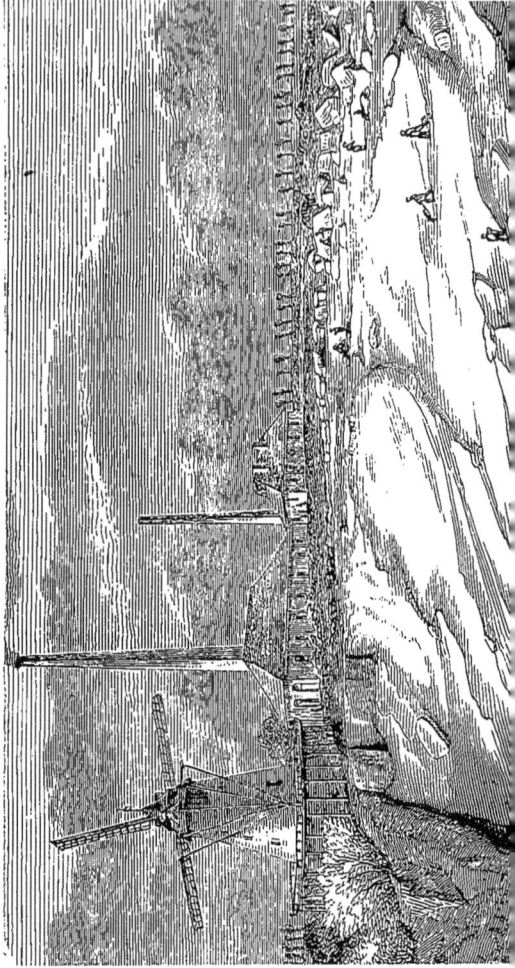

et les plus épais. Leur hauteur peut atteindre quinze
ou dix-huit mètres; ils sont connus des ouvriers
sous le nom de *roche*. Les couches inexploitées qui
les avoisinent sont appelées les *caillasses*, et plusieurs
d'entre elles ont des noms spéciaux. La roche est
d'une teinte quelquefois un peu verdâtre, mais elle
est très blanche ordinairement. Elle renferme un
grand nombre de coquilles fossiles, de celles surtout
qui ressemblent à de petites vis, et que l'on nomme
des *cérithes*.

Les sables qui dominent le calcaire compacte sont
exploités à ciel ouvert pour les besoins de la verrerie
et pour la fabrication des briques réfractaires. Naturellement agglutinés, ces sables donnent aussi des
grès très durs. Ces *grès* donnent des matériaux souvent très solides. Dans les Vosges, on les emploie
indifféremment dans toutes les constructions; aux
environs de Paris, ils sont taillés en cubes pour servir
au pavage. Ceux de Beauchamp (Seine-et-Oise) sont
très estimés. C'est à Fontainebleau qu'on peut voir
les grès les plus remarquables. Ils forment des rochers
anguleux d'un effet très pittoresque. C'est avec les
grès de Fontainebleau que les Romains, ces grands
bâtisseurs, si bons juges en fait de matériaux de
construction, avaient dallé leurs chaussées autour
de Paris. Il n'y a pas très longtemps qu'auprès du
petit Pont, on a mis à découvert toute une voie ro-
maine, pavée de larges plaques de grès, assemblées
entre elles. Elles rappellent celles en basalte qui recouvrent encore la voie Appienne dans la campagne

de Rome. Les dalles siliceuses de l'ancienne voie de Lutèce ont été transportées avec soin au musée de Cluny, où, dans un coin du jardin, on a remis en place une partie de la gigantesque mosaïque.

Le calcaire parisien n'est pas le seul qui soit employé comme pierre de construction. Dans toute l'étendue des terrains jurassiques, les couches compactes et serrées du calcaire qui caractérise ces terrains, donnent d'excellents matériaux, et leur exploitation, faite en général à ciel ouvert, ne présente pas de grandes difficultés.

Parmi les calcaires jurassiques on distingue les *calcaires oolithiques*, ainsi nommés parce qu'ils sont composés d'une infinité de petits grains ressemblant à des œufs de poissons (*Oon*, œuf, *lithos*, pierre). Chacun de ces grains renferme une espèce de noyau, consistant en un petit fragment de sable, autour duquel se sont agglutinées des couches concentriques de matière calcaire.

Il paraît cependant que ces grains, dits oolithiques, calcaires ou ferrugineux, pourraient bien avoir une origine toute différente; car on sait depuis plusieurs années que, dans la plaine de Mexico située à une altitude de 2,300 mètres, il existe deux grands lacs dont l'un est d'eau douce et l'autre d'eau salée. Or, au fond de ces lacs s'étend une couche de calcaire lacustre, d'un gris blanchâtre, dont la puissance augmente encore de nos jours, ce que prouvent les traces de l'industrie humaine qui s'y trouvent enclavées.

Des oolithes, parfaitement identiques avec celles

du système jurassique, sont plus ou moins clair-se-
mées dans ces bancs, et sont formées, ainsi qu'on a
pu s'en assurer, des œufs de petites mouches amphi-
bies de la famille des notonectes et de l'ordre des
hémiptères, qui, voltigeant par myriades dans l'air,
vont, en plongeant de plusieurs pieds et même de
plusieurs brasses, déposer leurs œufs au fond de
l'eau contre des fascines de jonc, placées verticale-
ment à cet effet. A la saison de la ponte, les Indiens,
au bout d'une quinzaine de jours, retirent ces joncs
couverts de milliers d'œufs, et, les ayant fait sécher
au soleil, ils les préparent avec du piment pour en
faire leur nourriture.

On serait donc porté à considérer nos formations
oolithiques comme formées également par de petites
mouches dans les temps géologiques, et cela expli-
querait le mode irrégulier de distribution des oolithes, très abondantes ici, là assez rares, et les petites
cavités concentriques que l'on observe dans un grand
nombre d'entre elles, ainsi que l'éclat nacré de l'intérieur des oolithes, éclat qu'ils doivent, sans doute,
à leur nature animale.

La pierre lithographique est un calcaire compacte
à pâte fine et à grains très serrés. Il remplit, pour la
lithographie, le même effet que les planches de cuivre
employées à la gravure ordinaire. Les meilleures
nous viennent de Pappenheim, sur les bords du Da-
nube en Bavière, de Chateauroux (Indre), de Belley
(Ain), des environs de Dijon, de Périgueux et de
Montdardier près de Vigan (Gard).

La grande famille des marbres appartient également aux calcaires. Le marbre est de la chaux carbonatée compacte, à grain fin, et d'une cristallisation saccharoïde, c'est-à-dire analogue à celle du sucre en pains. Nous en parlerons dans un des chapitres suivants.

CHAPITRE VIII

CARRIÈRES ET CATACOMBES DE PARIS

Il y a à Paris beaucoup d'habitants de la rive gauche de la Seine qui, sachant qu'à 15 ou 20 mètres au-dessous de leurs maisons, le vide existe dans le sol, se demandent comment on a excavé le terrain servant d'assiette à une grande ville, ou pourquoi on a bâti une grande ville sur un terrain excavé de toutes parts. La réponse à ces questions est très simple. Les carrières qu'on appelle catacombes ont été creusées en vue de la construction de Paris, mais dans un temps où l'emplacement creusé était encore loin d'être compris dans le périmètre de la ville. Sans nous préoccuper ici des origines gauloises, romaines ou franques, disons que la proximité des matériaux à bâtir, tels que les plâtres de Montmartre, les pierres calcaires de la côte Sainte-Geneviève, de la butte Saint-Marcel, du quartier Saint-Germain, de la plaine de Montrouge, etc., a peut-être été la raison qui a le plus influé sur le choix de l'emplacement qui

a été donné à la grande cité, et sur les développements énormes qu'elle a pris en peu de siècles.

Il était naturel qu'au temps où les moyens de
transport étaient très bornés, on allât au plus près
chercher les matériaux dont on avait besoin. C'est
ce qui explique comment, pour bâtir Paris renfermé
tout entier dans l'île de la Cité, on n'allait pas chercher les pierres calcaires plus loin qu'au quartier
actuel de l'Odéon, de Saint-Étienne-du-Mont, des
rues Mouffetard ou des Postes, etc. Plus tard, lorsque
Paris s'étendit sur les deux rives de la Seine, et
lorsque les premières carrières furent épuisées, on en
creusa de nouvelles dans un rayon plus large autour
de la ville, et principalement sur la rive gauche où
elles étaient d'un meilleur rapport; c'est ainsi qu'à la
suite des siècles les carrières à pierres calcaires ont
été portées jusqu'à une très grande distance dans la
plaine de Montrouge.

Pendant longtemps, il n'exista aucune sorte d'in-
dication sur ces carrières; il n'en existait aucun
plan, et la population de la rive gauche dormait de
confiance sur ces immenses excavations dont l'existence ne lui était pas bien assurée. Elle eut un terrible réveil en 1774 : un effondrement considérable
arriva tout à coup entre la barrière d'Enfer et le
boulevard neuf. A la sécurité extrême du public suc-
céda une extrême frayeur, et chacun se vit à la veille
d'être écrasé dans sa maison ayant toutes les appa-
rences de la solidité, ou d'être enterré vif à 80 ou
100 pieds sous terre. Aussi, dès l'année 1776, com-

mença-t-on les travaux de consolidation qui furent
continués jusqu'à l'époque actuelle.

Les vides des anciennes carrières occupent une
surface de 3,407,000 mètres carrés, c'est-à-dire la
dixième partie de la surface totale de la ville avant
l'annexion. Quant aux travaux de développement des
galeries de recherches et de consolidation, ils atteignent près de 44 kilomètres, c'est-à-dire onze lieues.

L'étendue des carrières de Paris n'a rien qui
surprenne, lorsqu'on pense qu'à elles seules, elles
ont presque suffi à fournir les matériaux entrant
dans la construction de tous les édifices publics et
particuliers qui font saillie sur le sol de Paris et de
ses environs.

Si elles ont pourvu à l'habitation de toutes les
générations qui ont passé sur ce territoire depuis
près de dix-huit siècles, elles ont été destinées encore
à donner un dernier asile aux débris de plusieurs de
ces générations. C'est dans les anciennes carrières
connues spécialement sous le nom de catacombes,
et qui occupent sous les plaines de Montsouris et de
Montrouge, un espace de 10,933 mètres, qu'ont été
déposés les ossements provenant des divers cimetières détruits dans l'intérieur de Paris.

Les travaux destinés à convertir en une vaste né-
cropole les anciennes carrières de Montsouris ont
été terminés en 1786. La consécration des catacombes eut lieu le 7 avril de la même année et on commença immédiatement à y transférer les ossements
du charnier des Innocents. Cette translation dura

quinze ans; mais le succès de l'opération encouragea
l'administration à déposer dans les catacombes les
ossements provenant de la suppression des cimetières
annexés aux églises, couvents et hôpitaux de la capitale. Des translations successives faites à cet ossuaire
se prolongèrent jusqu'en 1813.

CHAPITRE IX

LES MARBRES

Marbres de Paros et du Pentélique. — Carrières de Séravezza et de Carrare. — Marbres d'Allemagne, de France et de Belgique. — Marbre numidique. — Carrières du Felfela.

Il n'est pas téméraire d'attribuer, au moins en partie, aux qualités des marbres de la Grèce, l'immense développement que prirent dans ce pays les arts de la statuaire et de la sculpture monumentale. C'est avec les marbres du mont Hymette que furent élevés le Parthénon, les Propylées et l'Hippodrome. Dans ce marbre aussi furent taillées une foule de statues célèbres, telles que le torse du Belvédère, le Bacchus au repos, les Panathénées, etc.

Les anciens connaissaient en Grèce beaucoup de carrières où ils exploitaient du marbre blanc. Les points les plus intéressants sous ce rapport sont l'île de Paros, et le Pentelikon, montagne voisine d'Athènes. Autrefois Paros était fière de sa force et des trésors que la nature lui avait prodigués. Les riches

carrières de marbre donnaient aux habitants un goût
particulier pour les arts.

Les montagnes autour de Paros sont d'une hauteur
considérable. D'après Ross, les carrières les plus anciennes sont situées près d'un couvent à une lieue et
demie de Perakia; à certains endroits le chemin souterrain est si étroit et si bas qu'on se fait difficilement
une idée de la manière dont les anciens pouvaient y
faire passer de gros blocs. Des piliers de marbre supportent le toit naturel des excavations. Dans la vallée
des Grottes, la grande couche de marbre est exploitée
à ciel ouvert en degrés, et on a pu continuer le
travail là où les anciens l'avaient discontinué.

Un voyageur anglais, Dodwell, qui a visité la
Grèce au commencement de ce siècle, a trouvé en très
mauvais état la route de la grande exploitation de
marbre du mont Pentélique. A certains endroits, on
voyait encore des ornières dans le vieux pavé, et, sur
les parois des roches d'une carrière, des dessins de
temples taillés dans la pierre et visiblement faits par
les carriers dans leurs moments de loisir; du reste,
ces ébauches étaient tout à fait dans le même style que
celui que l'on trouve à Herculanum et à Pompéi.

A l'endroit le plus profond des carrières, qui sont
exploitées en partie à ciel ouvert, sont situées différentes grottes naturelles, mais agrandies par la main
des hommes. Une d'entre elles contient les ruines
d'une église. Les restes des arcades majestueuses
et des paysages souterrains éclairés d'une faible
lueur, et revêtus de stalactites délicates d'un blanc

éblouissant, produisent un effet pittoresque et inattendu. Après l'anéantissement de l'art ancien et depuis
l'invasion des barbares, les carrières du Pentélique
paraissent avoir été abandonnées. Le roi Othon les
a fait remettre en activité pour y prendre les matériaux nécessaires à la construction de son palais. On
a construit une route jusqu'au pied de la montagne,
à peu près dans la même direction que l'ancienne.

Le Pentélique est, à cause de sa configuration,
une des plus belles montagnes de l'Attique. Le sentier
qui conduit au sommet est rude et escarpé, mais on y
jouit d'un point de vue admirable. On voit se dérouler
à ses pieds Athènes et ses environs jusqu'au golfe de
Saros et le Péloponèse.

Le marbre du Pentélique, qu'on nomme aujour-
d'hui *cipolin statuaire*, n'était pas exempt de défauts ;
il était traversé de quelques veines verdâtres, ou plutôt grises, et communément micacées. Cependant ce
sont ces marbres qui ont été le plus employés pour la
statuaire. On peut prouver, par le témoignage de
Pausanias, qu'il y avait dix statues de marbre pen-
télien pour une de marbre parien.

Les latomies ou carrières du Pentélique furent
longtemps célèbres, et les Athéniens, en reconnais-
sance des chefs-d'œuvre dont cette montagne leur
avait fourni les matériaux, érigèrent sur son sommet
une statue colossale de Minerve.

Le marbre de Paros était tiré des îles de Naxos,
Ténédos, Lesbos, Chio, et de la Proconèse, dans la
mer de Marmara. Doué d'une légère translucidité, il

donnait aux œuvres d'art un charme inexprimable et
une couleur qui, selon Platon, était agréable aux
dieux. La Vénus de Médicis, la Junon du Capitole et
la Diane chasseresse sont, dit-on, taillées dans le
marbre parien. Dans les exploitations de Paros, il se
trouvait aussi des filons de diverses qualités : les
uns étaient d'une cristallisation douteuse, d'un blanc
gris, semé quelquefois de veines de couleur sombre ;
les autres étaient d'une blancheur éblouissante et
d'une cristallisation tout à fait saccharoïde ; enfin le
plus estimé était un peu jaune et présentait cette chaleur, cette transparence de la peau qu'on admire tant
dans certaines statues antiques.

Les Romains primitifs ne connaissaient pas la valeur du marbre. Ils ne commencèrent à en faire
usage qu'après avoir conquis le monde ; et ce fut seulement au temps de Jules César que le beau marbre
statuaire de Luna, en Toscane, sanguin et bleu tur-
quin, fut exploité. Au reste, l'Italie était, après la Grèce,
le pays le plus riche du monde en marbres de toutes
couleurs et de tout grain ; elle avait le jaune de Sienne,
le rouge de Vérone, la brèche violette ; la Sicile lui
envoyait ceux de Taormina, le marbre rubané et enfin
le marbre de Syracuse, qui renfermait des coquilles et
des empreintes de poissons.

Le marbre de Luna fut exploité pendant l'Empire
et même au moyen âge ; mais, au xiie siècle, lorsque
l'exploitation en fut aux mains des Pisans, le beau
marbre blanc paraissait épuisé. On fut obligé d'avoir
recours aux carrières de Carrare, situées dans le petit

duché de Massa-Carrara, en Toscane, à l'entrée du golfe de Gênes. Ces carrières, découvertes du temps de Jules César, sont des sources intarissables de revenu et donnent lieu à une activité extraordinaire. Les habitants de vingt petits hameaux des environs, vivent de l'exploitation et du transport du marbre.

Un grand nombre de sculpteurs se rendent à Carrare pour choisir eux-mêmes les marbres qui leur conviennent pour leurs ouvrages, qu'ils ébauchent souvent sur place, afin d'être assurés de ne pas trouver plus tard des défauts dans le bloc. Les lions, par exemple, que l'on voit aux Tuileries, ont été sculptés à Carrare. C'est également de là que l'on fit venir à Paris les deux blocs des chevaux de Marly. Chacun d'eux avait un volume de 400 pieds cubes et coûtait 32,000 francs.

Le dépôt principal des objets en marbre de Carrare est à Florence; de là, on les expédie dans les différents pays.

Un des ouvrages d'art les plus grands de la sculpture moderne est le vase de Waterloo, qui est dans la galerie nationale de Londres. Ce vase est si gigantesque qu'on a été obligé de le tailler et de le sculpter sur la place même qui lui était destinée dans la galerie, avant que celle-ci fût achevée. Il a 16 pieds de hauteur, et 10 pieds de diamètre. Il a été taillé dans un bloc de marbre envoyé en 1836 au roi d'Angleterre, par le grand duc de Toscane.

A Carrare, on voit, dans les maisons les plus pauvres, des parquets, des encadrements de portes, de fenêtres et de cheminées en marbre. On s'en sert même pour paver et bâtir des murs.

Une roche qui se rapproche beaucoup du marbre est exploitée à Serravezza et Stazzena. C'est le *mischio* ou *brecciato di Serra*, brèche superbe bien connue des archéologues et des artistes, car son exploitation remonte à une époque fort éloignée. On en trouve souvent dans les ruines de Rome, parce qu'elle était très estimée des anciens. La carrière célèbre d'où l'on tire cette brèche était autrefois à Stazzena, et c'est de là que sont venus les pyramides, les colonnes et autres ornements que l'on voit à Florence, ainsi que les grandes colonnes de la cathédrale de Pietra-Santa. Cette brèche se compose de fragments de calcaire grenat, blanc et gris rougeâtre, reliés entre eux par un ciment calcaire gris ou brun; des bandes et des feuilles de tale brillant, traversent la masse dans toutes les directions. A Serravezza, on exploite aussi du véritable marbre statuaire très estimé. Les carrières sont situées à 3,750 pieds au-dessus de la mer; de là, les blocs sont jetés sur un plan presque vertical dans la vallée de Serra.

Beaucoup d'autres contrées possèdent des marbres estimés de tous temps par les sculpteurs et les architectes, et qui sont quelquefois d'un blanc si pur et d'un grain si fin qu'ils peuvent être mis en parallèle avec les plus beaux marbres statuaires de l'Italie et de la Grèce. Les belles colonnes du palais de Potsdam sont faites en marbre d'un blanc grisâtre traversé de bandes noires, qui vient de Prieborn, en Silésie.

L'église de marbre de Copenhague est bâtie avec des blocs venus du mont Paradis, à Gieslebeck, en Norvège. Pour construire à Milan l'arc de triomphe de la paix (*arco di pace*), à la porte Simpson, on a fait venir de Crevola des blocs énormes dont on a façonné des colonnes d'une hauteur de 36 pieds. Les carrières de Crevola sont situées près de la route du Simpson.

En France, on exploite le marbre dans 40 départements. Les plus estimés sont : le Languedoc, ou incarnat de Narbonne, rouge mêlé de blanc et de gris ; le nankin de Valmigère (Aude) ; le campan des Pyrénées dont on utilise les veines isabelle, verte ou rouge ; le griotte de Narbonne ; le grand deuil et le petit deuil, noir avec des éclats blancs, de l'Ariège, de l'Aude et des Basses-Pyrénées ; la brèche de Marseille, dite improprement brèche de Memphis ; le marbre blanc et le cipolin des Hautes-Alpes et de l'Isère ; les marbres veinés de Maine et Loire ; noirs et jaspés de la Mayenne ; le Marie-Thérèse du Pas-de-Calais, café au lait veiné de blanc, etc.

Aux environs de Mons, en Belgique, on exploite surtout le marbre Sainte-Anne et le granitelle.

L'Espagne fournit également un très grand nombre de marbres de toutes nuances, qui sont très estimés.

Au nord de la province de Constantine, dans l'arrondissement de Philippeville, au bord de la mer, se trouve un groupe de montagnes que les Arabes appellent Djebel-Felfela. Ces montagnes renferment d'immenses marbrières, pleines de richesses inépuisables, dans toutes les variétés de marbres et parti-

culièrement de marbre blanc, d'une pureté parfaite
et d'un éclat analogue à celui de Carrare. Les Romains
avaient exploité ces gisements, d'où ils tiraient leurs
marbres numidiques, et ne les avaient abandonnés
qu'au temps de l'invasion des Vandales. A la base des
bancs exploités, gisent des couches très puissantes
d'un marbre rubané, verdâtre ou grisâtre (*onyx*), et
de magnifiques marbres jaspés.

Au Felfela, le marbre statuaire, d'un blanc grec et
d'une rare beauté, offre des grains larges, une pâte
homogène d'un blanc *chaud*, et une transparence
qu'on ne retrouve que dans le marbre de Paros.

Il nous reste un chef-d'œuvre de l'art antique,
l'Apollon du Belvédère, dont le marbre diffère de tous
ceux de la Grèce ancienne qui nous sont connus. On
est assez porté à croire que cette célèbre statue a été
taillée dans le marbre numidique du mont Felfela.

CHAPITRE X

LES PIERRES A PLATRÉ.

Gypses et marnes vertes. — Les carrières d'Amérique, albâtre. — Carrières de Volterra.

La pierre à plâtre (gypse ou sélénite) qui succède au calcaire lacustre, est très commune dans la nature ; elle s'y présente soit en cristaux prismatiques ressemblant à des fers de lance (*Pierre à Jésus, miroir d'âne*), soit en masses laminaires, fibreuses, grenues, compactes ou terreuses. Elle forme des bancs plus ou moins épais, dans la partie supérieure des terrains de sédiment ; elle constitue aussi des collines peu étendues, arrondies comme les buttes de Montmartre, de Pantin, de Ménilmontant. La variété à tissu laminaire et saccharoïde constitue l'albâtre gypseux, ce bel albâtre tout blanc avec lequel on fait des objets d'ornement.

Les carrières sont souterraines ou à ciel ouvert.

Telle plâtrière, avec ses longues galeries, ses chantiers d'abattage, ses chemins de fer intérieurs sur lesquels roulent roulent les vagons, rappelle en petit une mine de houille. Les plâtrières des environs

de Paris sont très renommées. On les exploite depuis
près de vingt siècles.

Les marnes vertes et bariolées, qui forment le
toit du terrain gypseux, sont presque partout exploitées en même temps que le gypse. Il en est ainsi à
Antony, aux buttes Chaumont et à Montmartre, aux
carrières dites d'*Amérique*. Sous ces buttes, presque
entièrement creusées, les longues galeries sinueuses
et profondes des carrières, ainsi que les sommets
des fours à plâtre, servent de refuge pendant la nuit
à toute une population étrange : vagabonds ou réfractaires de la société viennent y chercher un abri,
et y partager ou y consommer les produits de leurs
dépravations journalières. Du reste, ils se gardent
bien de commettre aucun dégât aux fours, aux carrières, et ils vivent en paix avec les carriers qui ne
cherchent point à nuire à ces hôtes dangereux. Cette
population nocturne forme le contraste le plus grand
avec ces braves ouvriers que nous envoient la Normandie, la Picardie, la Bourgogne, la Lorraine et la
Bretagne. Ceux-là, paresseux, portant sur leur physionomie l'empreinte ineffaçable de la débauche et des
vices les plus dégradants; ceux-ci, courageux et énergi-
ques, susceptibles de longs efforts, accomplissant une
rude besogne et rendant service à la société en prêtant
leurs bras à l'une des industries les plus indispensables, celle qui a pour but d'arracher au sol les matériaux de construction.

Tous les gypses communs employés comme pierre
à bâtisse sont d'un très mauvais usage, surtout

lorsqu'ils sont mélangés de substances argileuses, ce qui est souvent le cas. Dans la maçonnerie des vieux châteaux, principalement en Thuringe, le gypse qui s'y trouve a complètement disparu, de sorte que les murailles forment de grandes masses cellulaires. Les gypses lamelleux, au contraire font un très bon mortier. Heller raconte que les ruines du château de Zelebi ou Zénobie, non loin de Palmyre, se composent de blocs énormes de gypse lamelleux qui a conservé tout son éclat et sa translucidité.

Déjà, du temps de Théophraste, l'albâtre, c'est-à-dire la chaux sulfatée, grenue, servait à faire des ornements de maison. Cependant, dans les antiques que nous possédons, il n'y en a que très peu en gypse, et encore viennent-ils d'Égypte. Belzoni, dans son *Voyage en Égypte et en Nubie*, dit avoir trouvé, dans les fouilles qu'il fit dans la vallée de Biban-el-Moluk, un magnifique sarcophage d'albâtre.

On trouve l'albâtre dans les Alpes et dans les Pyrénées, mais c'est en Italie, à Volterra, que sont les plus célèbres exploitations. La plus importante est à Castellina, village peu éloigné de Volterra. La pierre, travaillée dans l'une et l'autre localité, est ensuite expédiée dans le monde entier à l'état de vases, de coupes, de candélabres, de socles et corps de pendules, de statuettes, etc.; on lui donne en un mot ces mille façons diverses que chacun connaît.

On sait combien cette matière est tendre et reçoit

facilement l'impression du ciseau. Ce n'est d'ailleurs
que la pierre à plâtre cristallisée, de même compo-
sition chimique que celle qu'on retire des buttes de
Montmartre. L'albâtre de Volterra est souvent translucide ; d'autres fois, il imite le marbre. Parmi les
plus remarquables variétés, on cite le *giallo* ou jaune,
rappelant le beau marbre jaune de Sienne que le
premier empire avait mis chez nous à la mode, et le
fiorito ou fleuri, de même apparence que les marbres
gris veinés de Seravezza, près Carrare. Il y a aussi
l'albâtre blanc clair ressemblant au plus beau marbre
statuaire.

On trouve, dans les carrières de Lagny, près de
Paris, une très belle variété d'albâtre de couleur
grise ou blanc jaunâtre.

CHAPITRE XI

Tuf et Travertin. — Ruines de Pœstum. — Cascades de Tivoli. — Sources de Carlsbad et de Saint-Alyre. — Stalactites et stalagmites. — Sources de San-Filippe et d'Urmia.

Il y a un grand nombre de sources qui, par la grande quantité de gaz acide carbonique qu'elles tiennent en dissolution, ont la propriété de dissoudre les couches de roches calcaires qu'elles traversent et de les déposer de nouveau dans certaines conditions. Lorsque ces eaux entrent en contact avec l'air, l'acide s'échappe dans l'atmosphère sous forme de gaz, et le calcaire dissous se dépose et se durcit. Ce sont des faits que nous pouvons observer tous les jours. Ces récentes formations calcaires sont, sous bien des rapports, intéressantes.

Lorsque ces dépôts calcaires sont poreux et présentent peu de consistance, ils forment ce que l'on pelle le *tuf*; s'ils sont solides et compacts, ils prennent le nom de *travertin*. L'orgueil de l'ancienne et de la nouvelle Rome, le Colysée et l'église de Saint-

Pierre, ont été bâtis avec du travertin, ainsi que le
célèbre temple de Pœstum. Ce qui donne un prix
inestimable au travertin pour les constructions, c'est
qu'il acquiert une très grande dureté à l'air. Il devient
à peu près indestructible et dure plus longtemps
que le marbre. Avec le temps, il prend, sous le soleil
du midi, cette couleur légèrement rougeâtre qui
donne un aspect si imposant aux monuments de
l'antiquité. Les constructions naturelles de tuf calcaire
ont une grande solidité et peuvent durer très longtemps. C'est ainsi que, vers le milieu du dernier siècle,
à Clermont (Auvergne), des dépôts calcaires, appor-
tés par les sources, ont formé une voûte sur un
abîme, comme une espèce de pont qui avait 200 pieds
de long, et, au milieu de l'axe, 2 pieds d'épaisseur.
On peut y faire passer des voitures chargées sans
aucun danger.

C'est aux sources des Apennins que l'Italie doit
ses énormes masses de travertin et de tuf calcaire.
A une époque où les sciences naturelles n'avaient
pas encore été éclairées par les découvertes de la
chimie, on désignait ces eaux sous le nom de lapi-
difiques et le peuple les regardait comme des merveilles. Les anciens avaient remarqué que le *Silurus*
revêtait d'une couche terreuse les feuilles d'arbre qui
y retombaient. Cette rivière, que l'on nomme aujourd'hui la Sèle, coule dans les environs de Pœstum
dans une route fort intéressante.

Au sud de Naples, sur le bord d'une grande baie,
dans une vallée entourée de belles montagnes, se

trouvent les ruines de l'ancienne Pœstum. On y voit
des débris de murs bâtis avec des blocs de calcaire,
mais la ville qu'ils environnaient a disparu depuis
longtemps. Les poètes romains célébraient les roses
qui croissaient dans les environs, qui sont couverts
de gazon et de bosquets. Il y a les ruines de trois
temples qui témoignent seuls de la splendeur passée
de Pœstum : ce sont d'immenses constructions en
travertin. C'est un lac tout voisin qui a fourni les
matériaux. On montre encore une grande grotte et
de spacieuses excavations que l'on a faites en reti-
rant les roches. C'est du lac de Pœstum que vient
l'histoire des îles flottantes, qui n'a aucun fondement.
Les bulles qui sortent à la surface de l'eau, par suite
du dégagement de gaz acide carbonique, sont prises
pour des bouillonnements. On croyait que le lac,
dans ses profondeurs, cuisait et poussait des îles à la
surface de l'eau ; le phénomène est facile à expliquer :
les roseaux et autres plantes qui croissent sur les
bords sont recouverts de tuf calcaire, et lorsque, dans
l'hiver, ils tombent dans l'eau, les débris flottent et
semblent de petites îles.

Ce ne sont pas non plus des îles, les immenses
dépôts de calcaire qui se forment encore aujourd'hui
sur les bords du lac Érié, dans l'Amérique du nord,
et qui, dans l'hiver, s'attachant aux blocs de glace,
flottent sur la surface de l'eau.

Il se forme aussi des dépôts de calcaire au milieu
du mouvement agité des eaux des rivières et des
chutes d'eau, comme, par exemple, dans les casca-

des de Terni et de Tivoli. Dans les environs de Terni,
le Velino se précipite, en différentes fois, d'une hauteur de 300 pieds sur des roches escarpées, de la
même manière que le Teverone à Tivoli. Des formations de calcaire ont lieu dans ces chutes sur une
grande échelle. Le Teverone, l'Anio des anciens, a la
propriété de recouvrir de calcaire les joncs qui croissent dans l'eau et qui forment les plus belles stalactites. La poussière fine de l'eau est tellement
chargée de calcaire que l'on y expose des bas-reliefs :
ils en sont complètement moulés.

C'est dans les environs de Rome que les amas de
tuf et de travertin de Tivoli sont les plus considérables. A côté du gouffre profond dans lequel l'eau se
précipite, tout auprès du temple de Vesta et de la
Sybille, on voit des amas d'une épaisseur de 500 pieds.
Depuis très longtemps, on y exploite des carrières,
d'où l'on a retiré les matériaux des superbes monu-
ment de la ville éternelle...

Lorsque les eaux chargées de calcaire s'arrêtent
dans de grandes vallées planes, au milieu d'une
contrée basse et marécageuse, non seulement elles
perdent une partie de leur contenu qui se dépose par
l'effet du dégagement du gaz acide carbonique, mais
encore elles s'évaporent entièrement ou en grande
partie pendant les chaleurs de l'été. Les dépôts de
calcaire qui en résultent forment, dans la suite des
temps, des amas d'une étendue de plusieurs lieues et
très épais. Près de Vittoria, dans la Colombie (Amérique du sud), d'immenses collines de tuf calcaire de

plus de 800 pieds de hauteur, s'avancent comme des
caps au-dessus du pays plat ; à les voir, on dirait des
côtes escarpées de la mer.

Tous ces faits n'ont rien d'inexplicable, mais il
y en a qui sont vraiment extraordinaires et qui prouvent que des eaux chargées de carbonate de chaux
s'élèvent du sein de la terre et sont indépendantes
des dépôts calcaires existant dans les mêmes lieux.
C'est ce qui donne un grand intérêt à la célèbre
source de Carlsbad. Depuis des siècles sans nombre,
la source coule en bouillonnant, toujours chaude au
même degré ; l'eau chaude, accompagnée de fumée,
jaillit avec bruit du milieu d'une voûte formée par
les dépôts de la source, et tout le bassin de cette
dernière s'est revêtu, avec le temps, d'une couche
épaisse de calcaire sur laquelle est bâtie une partie
considérable de la ville. Des fleurs, des épis de blé,
des fruits et autres objets se recouvrent, au bout de
huit jours, d'une légère croûte calcaire plus ou moins
colorée en brun par l'oxyde de fer.

On trouve, dans le midi de la France, plusieurs
exemples qui prouvent que les sources de cette espèce
ne doivent pas être regardées comme particulières
aux contrées dans lesquelles dominent les roches calcaires. De toutes ces sources, la plus célèbre est
celle de Saint-Alyre, dont la haute température
atteste l'existence du feu volcanique dans le sein de
la terre. Elle est située au pied de la montagne sur
laquelle est bâtie Clermont, et jaillit du milieu du
tuf volcanique qui repose sur le granite. Elle forme

de très belles incrustations, dans un espace de temps
assez court. Les grappes de raisin que l'on y plonge
se recouvrent uniformément d'une couche de calcaire
blanc jaune; les grains se conservent parfaitement
distincts, et, quand on brise l'enveloppe, on les
trouve entièrement desséchés.

Dans les excavations souterraines faites naturellement ou par la main de l'homme, dans les grottes et les crevasses des montagnes ou dans les puits,
il se forme continuellement des dépôts de calcaire.

Ces belles colonnes de calcaire de grandeur et
de formes si diverses que l'on nomme stalactites, et
qui se trouvent dans presque toutes les grottes, ne
sont autre chose que des substances calcaires que
l'eau a déposées en s'infiltrant à travers le plafond
ou les parois de la grotte. Celles qui s'élèvent du sol
prennent plus particulièrement le nom de stalagmites.

De toutes les grottes, il n'y en a aucune qui offre
des stalactites plus grandes et plus magnifiques que
celle qui se trouve dans les environs du Montserrat.
Cette montagne, située en Catalogne, tout près du
bourg de Cordena, s'élève d'une manière pittoresque
au milieu d'une plaine et se fait remarquer par la
forme admirable des rochers et des pointes aiguës
et dentelées, dont elle tire son nom (en espagnol
Montserrat veut dire montagne dentelée.) De loin, on
dirait les ruines d'un antique manoir.

Il y avait autrefois, sur les bords du Rhin, un
grand aqueduc qui allait de l'Eifel à Cologne, où il

amenait l'eau des sources des vallées calcarifères. On
y trouve, dans plusieurs parties, des dépôts calcaires
de plus de huit pouces d'épaisseur, qui se sont formés depuis bien des siècles.

On a fait avec ce dépôt de petites colonnes que
l'on voit dans presque toutes les églises du Rhin
inférieur.

L'aqueduc immense qui amenait l'eau à l'ancienne
Rome est également couvert de dépôts calcaires que
les artistes romains travaillent sous le nom impropre d'albâtre.

Il faut aussi citer les belles stalactites d'un blanc
éblouissant que l'on trouve dans beaucoup de voûtes
et entre autres dans celles des ruines du château
d'Heidelberg. Les eaux qui filtrent à travers les
pierres et qui contiennent de l'acide carbonique,
décomposent les mortiers calcaires de la maçonnerie
et forment ensuite les stalactites. L'église des jésui-
tes, à Venise, qui est en marbre, présente des phénomènes semblables.

Il y a des sources et des lacs qui contiennent
beaucoup de calcaire dont on tire parti. Ainsi, en Toscane, aux sources chaudes de San-Filippe, on obtient
des bustes et des médailles d'une grande beauté, en
exposant des modèles en soufre à l'influence des eaux
calcaires.

On fait de la même manière, au Pérou, non
seulement des statues, mais encore des pierres pour
les bâtisses. C'est ce qui a donné lieu à l'opinion peu
croyable que les colonnes du temple de Pœstum

n'avaient pas été taillées, mais coulées. Près du lac
Urmia, en Perse, il y a quelques étangs dont les eaux
déposent un calcaire magnifique. On en fait de grands
plats à l'usage seulement du schah, de ses fils et
des personnes privilégiées par firman spécial.

CHAPITRE XII

LES SCHISTES ARGILEUX.

Ardoisières d'Angers et des Ardennes. — Carrières de Goslar. —
Pierres à aiguiser. — Plombagine. — Schistes alunifères.

On donne le nom de schistes à des roches d'apparence homogène et à texture feuilletée et qui leur
donne une très grande facilité à se diviser en plaques
de peu d'épaisseur.

Les ardoises ne sont autre chose que des schistes
argileux qui se présentent sous la forme de feuillets
sonores, minces, étroits, faciles à séparer. Leur
couleur est variable : on en
rencontre de verdâtres, de
rougeâtres, de violettes et de
noires ; mais, le plus souvent,
elles sont de ce gris foncé,
particulier, que l'on appelle
le *gris d'ardoise.* Les couches
de schiste ardoisier renfer-

Fig. 11. — Ammonite.

ment souvent de grandes quantités de débris organiques d'espèces végétales, telles que roseaux, bam-

bous, fougères, et quelques espèces animales, am-
monites, poissons, etc.

Les ardoises d'Angers, des Ardennes et du Finis-
tère, qui jouissent d'une si grande réputation, peuvent, grâce à leur grande fissilité, être fendues en
lames d'une minceur extrême.

Les carrières d'Angers, les plus célèbres de toutes,
occupent 3 ou 4,000 ouvriers. Elles sont ouvertes à
l'est de la ville, le long de la route de Saumur, dans
les communes de Saint-Barthélemy et de Trélazé ;
exploitées depuis des siècles, elles envoient dans le
monde entier leurs produits justement estimés.

Les excavations béantes atteignent des profondeurs de 150 mètres, et dans ces vides immenses,
vertigineux, les ouvriers étagés sur des gradins, dé-
tachent, par des méthodes ingénieuses, l'ardoise de
ses lits do carrière.

Les ardoisières de Deville et de Monthermé, dans
les Ardennes, ont aussi une très grande importance.
Elles fournissent près de 150 millions d'ardoises par
an. Celles de Fumay, sur la Meuse, doivent leur
importance à leur position et à la facilité d'extraction
que donne la grande profondeur de la vallée de cette
rivière.

La qualité des ardoises du Luxembourg est connue
depuis si longtemps que déjà, dans l'année 1623, on
en avait expédiées à Saint-Jacques de Compostelle
(Galice), pour couvrir la cathédrale de cette ville.

Quelque répandu que soit le schiste argileux, car
il se trouve dans tous les pays montagneux, les ar-

Fig. 12. — Ardoisière de l'Anjou.

doises proprement dites, ou schiste tégulaire, sont
assez rares en Allemagne, sans avoir des crevasses,
des fentes obliques ou des veines de quartz. Les
meilleures sont celles de Bayreuth (Bavière) et de
Saafeld et Cobourg, en Saxe. La Prusse rhénane, le
grand duché de Nassau et le Hartz fournissent des
quantités étonnantes de cette roche. A Goslar, par
exemple, des montagnes d'une hauteur et d'une
étendue considérables, se composent entièrement de
schistes tégulaires. Il est probable que les carrières
d'ardoises de ce pays sont aussi anciennes que la
ville, qui, elle-même, est une des plus anciennes de
la vieille Saxe.

On n'exploite l'ardoise qu'à ciel ouvert, travail
pénible et dispendieux, à cause des éboulements qu'il
faut prévenir. La grande carrière de Goslar, exploitée
régulièrement, offre un coup d'œil inattendu. On y
pénètre par un trou profond fait de main d'homme, à
travers les rochers.

L'ensemble de l'exploitation présente l'aspect
d'un vaste chaudron, avec des interruptions en forme
de terrasses ; car on détache les plaques d'ardoise
en allant de haut en bas.

L'ardoise s'emploie surtout pour la couverture des
toits, pour les dalles de trottoir, les marches d'escalier et les tables à dessiner.

Les schistes ardoisiers étant en général assez durs
et très peu fissurés, il est facile d'en obtenir des plaques d'une très grande surface. Soigneusement polies,
ces plaques servent souvent à faire des tables de

billard, parfaitement horizontales, et sur lesquelles le frottement des boules est à peine sensible.

Lorsque le schiste argileux est mélangé de particules de quartz, il est mat, d'un gris clair ou d'un vert sale. On l'emploie pour polir et aiguiser les instruments en acier. Le Levant fournit d'excellents schistes à aiguiser. Dans les Ardennes, près de Château-Salm, sur les bords de la Glain, se trouvaient autrefois un grand nombre de carrières de schistes à aiguiser. Elles ont bien diminué d'importance aujourd'hui.

Le schiste graphique a une couleur qui tient le milieu entre le gris d'acier foncé et le noir de fer. Il laisse sur le papier des empreintes noires. L'Angleterre a fourni, presque exclusivement, jusqu'à ces dernières années, le graphite pur et compact qui sert à faire les crayons noirs, et que l'on nomme *plombagine* ou *mine de plomb*. Il est également exploité maintenant en Italie, en France et en Espagne.

On présume que l'emploi de la plombagine a commencé en Italie dans le courant du xvie siècle. Un livre imprimé en 1565, fait mention de crayons de plomb à manches de bois ; cette description est accompagnée d'un dessin gravé donnant la forme d'un de ces crayons, tant ils étaient rares à cette époque. Les mines du Cumberland étaient déjà exploitées en 1667.

La plombagine, mélangée avec de l'argile, sert à faire les creusets, dits *de Paysan*, qui servent à la fusion des métaux. Les variétés les moins bonnes

servent à polir et à nettoyer les ustensiles de cuivre
et d'autres métaux, et à noircir les objets en fer,
principalement les poêles. Les habitants des contrées
boréales se peignent avec le graphit.

On exploite aussi certains schistes *alunifères*,
qui sont d'un noir grisâtre et d'un éclat gras particulier. Quand ils sont exposés à l'air, l'alun se trahit
par des efflorescences blanches, terreuses ou cristallisées. A Reichenbach, dans le cercle de Voigtland
(Saxe), se trouvent des carrières considérables d'alun,
et une alunière exploitée depuis plus de deux siècles.

CHAPITRE XIII

Quartz. — Feldspath et kaolin. — Mica. — Porphyre. — Granits
et gneiss. — Trachytes et basaltes. — Phonolithes.

Une grande partie de l'écorce de la terre est com-
posée de *quartz* : on ne connaît pas la véritable si-
gnification de ce nom qui paraît cependant être d'origine allemande. Ce minéral est, parmi toutes les
autres espèces, le plus important, le plus généralement répandu, et un des plus simples d'après sa
nature chimique, car il n'est composé que de silice.
Mais les circonstances dans lesquelles la nature a
produit les mines quartzifères doivent avoir été
bien variées, car l'uniformité n'est pas l'un des caractères du quartz. Des masses énormes de cette
substance pure, sans mélange d'autres minéraux,
s'élèvent dans bien des contrées en roches nues et
aigues, ou bien se présentent en couches entremêlées
d'autres roches.

Une des propriétés qui rend le quartz très remarquable c'est sa dureté. Il étincelle sous l'acier et il
est indestructible ; on dirait qu'il a été créé éternel.

7

Il résiste à toutes les causes extérieures de décompo-
position ; à l'influence de l'air, de la chaleur, de
l'eau, etc.

Le quartz ou cristal de roche se trouve dans les
cavités ou plutôt dans les grandes crevasses des Alpes,
le plus souvent à une très grande élévation et sur
les pentes les plus raides. Autrefois la recherche de
ces *fours à cristaux*, ainsi que l'on nomme ces excavations, était l'occupation favorite des habitants de
Chamounix. Ils ne redoutaient aucun danger et péné-
traient hardiment dans des abîmes effrayants pour
les acquérir. C'est le plus souvent le hasard qui fait
découvrir ces richesses. Il y a presqu'un siècle que,
dans la vallée des glaciers de Chamounix, la chute
d'une pointe de granite du sommet d'une montagne
mit à découvert un amas de magnifiques cristaux.

Après l'hiver rigoureux de 1740, il se détacha de
la montagne d'énormes masses de roches granitiques
qui mirent au jour de très belles grottes remplies de
cristal de roche. Aujourd'hui on recherche bien moins
le quartz dans les Alpes, parce que Madagascar nous
en envoie des blocs énormes et d'une limpidité parfaite.

Fressange et d'autres voyageurs rapportent que
cette île semble parsemée de cristal de roche. On en
trouve des blocs de plus de vingt pieds de circonférence. On les rencontre surtout sur la montagne de
Befoure dont les sommets resplendissent au soleil
d'une manière éblouissante.

Après le quartz, les substances que la nature a

employées le plus souvent dans la formation de
l'écorce du globe, sont le *feldspath* et le *mica*.

Uni au quartz, le feldspath donne naissance aux
granites et aux gneiss ; mélangé avec d'autres substances, il forme la masse principale des laves anciennes et récentes, particulièrement des basaltes.

Il est moins dur que le quartz et peut se détériorer.
L'air, l'eau, le passage du froid au chaud agissent
extrêmement sur lui. Il se rencontre en masses laminaires plus ou moins grandes, en grains, cristal-
lisé ou en massifs. Ses blocs n'atteignent jamais la
grosseur de ceux du quartz. Cependant dans l'Oden-
wald (duché de Bade), dans le Riesen-Gebirge (Bohême), dans les Pyrénées, dans la Sibérie et sur les
bords de la Delaware (Amérique du Nord), on trouve
des cristaux de feldspath qui ont de six à dix pouces.

La décomposition des feldspaths donne naissance
à des argiles plastiques connus sous le nom de *kaolin*.
Le kaolin de Saint-Yrieix, près de Limoges, est, malgré la réunion d'un grand nombre de roches diverses,
d'une pureté parfaite et d'un très beau blanc. Sur une
longueur de plusieurs kilomètres, et avec des filons
ou veines qui atteignent jusqu'à vingt mètres de puissance, il fournit, depuis 1765, la terre de la porcelaine
de Sèvres, si estimée dans toute l'Europe, et alimente
non-seulement toutes les fabriques de porcelaine de
Paris, mais s'exporte même aux États-Unis.

Les vallons de cette contrée, recevant les parties
les plus légères des montagnes environnantes, sont
généralement fertiles ; mais les vallées de la Loire,

de la Dordogne, et surtout celles de l'Allier, dont le sol est formé de calcaire d'eau douce, mélangé de débris de rochers volcaniques, sont d'une richesse extraordinaire.

A cause de l'aspect métallique du mica et d'une certaine ressemblance avec les métaux précieux, cette substance a causé fréquemment des méprises aux minéralogistes, et excité des espérances trompeuses chez les ignorants. Les micas jaune d'or (or de chat), brun de tombac ou blanc d'argent (argent de chat) servent aux chercheurs de trésors pour tromper leurs dupes, et on s'est même autrefois abandonné à ces illusions dans les explorations de mines.

Dans les roches anciennes, moins souvent, et toujours accidentellement dans les roches récentes, le mica se trouve en feuilles minces, flexibles, d'un vif éclat de nacre, ou colorées en jaune, en rouge, en brun ou en noir, entassées les unes sur les autres et formant des couches plus ou moins épaisses.

Avec le mica transparent on fait des carreaux de fenêtres, dits *verres de Moscovie*, mais qui se ternissent très rapidement à l'air. On s'en sert encore sur les vaisseaux de guerre parce qu'ils souffrent moins que ceux de verre ordinaire des détonations de l'artillerie. On emploie aussi beaucoup de mica jaune ou blanc dans les couvents, de là le nom de *terre de Marie* qu'on lui donne quelquefois. En Chine et dans l'île de Ceylan, on revêt les murs, les éventails, les parasols, de mica bigarré. Dans l'Inde on peint des dessins sur du mica transparent très mince. Ces pein-

tures, qui ont été apportées en Europe par les mis-
sionnaires, sont remarquables par la pureté et l'éclat
des couleurs.

Les *porphyres* sont des roches ou des grains, des
lamelles ou des cristaux de certains minéraux, comme
pétris dans une pâte de feldspath compacte, rouge,
brun, jaune ou gris. Ils rendent de très grands services pour les pavés et les routes. Cette roche n'est
pas facile à travailler, mais elle est si compacte et
susceptible de prendre un si beau poli qu'elle reçoit
diverses applications. Dans les temps anciens mêmes
on était très versé dans la manière de travailler le
porphyre. Parmi les antiques Grecs et Égyptiens on
trouve beaucoup de porphyres façonnés. Les empe-
reurs romains en faisaient faire des sarcophages et
des baignoires.

Maintenant on s'occupe spécialement de façonner
les porphyres à Elfdal (Suède) et à Kolyvan (Sibérie).
A Elfdal les masses, taillées grossièrement dans les
carrières voisines, sont coupées, polies, cannelées
au moyen de machines ingénieusement disposées.
La beauté de la roche et la perfection qu'on sait
donner aux ouvrages font que beaucoup de ces derniers peuvent être regardés comme de véritables
œuvres d'art. Les vases et les urnes de toute grandeur sont surtout magnifiques; ils rivalisent avec
ceux des temps antiques. Le plus fameux de tous
ces vases se trouve à Johannsthal dans un château
de plaisance royal. Faite d'une seule pièce, cette
coupe gigantesque a seize pieds de diamètre à sa

partie supérieure, et sa hauteur est de dix pieds.

Les granits sont des roches formées de grains plus ou moins volumineux, d'où leur nom. Les granits à petits grains, peu propres aux murailles parce que les morceaux sont trop anguleux, sont très estimés pour le pavage et les bordures de trottoirs. Le granit peut recevoir un très beau poli, et fait très bien pour des ornements d'architecture ; mais il est trop pénible et trop cher de le travailler, c'est pourquoi il est aujourd'hui fort peu employé pour cet usage. Jadis on faisait avec le granit des sculptures et autres objets d'art. Les obélisques, monuments les plus simples de l'architecture égyptienne, ont presque tous été taillés d'une seule pièce dans le granit. Les anciens sculptaient des statues, des sphinx et autres animaux en granit, et ce dernier est si durable qu'on le trouve intact après des milliers d'années d'existence. Les obélisques, les colonnes et les colosses de Thèbes, de Saïs et d'Alexandrie ont été renversés mais non brisés. Notre époque a vu apporter des bords du Nil, de ce pays si riche en monuments, le fameux obélisque de Louqsor qui orne la place de la Concorde à Paris : ce bloc de granit gigantesque pèse 5,000 quintaux. Les carrières de Montofano fournirent à Rome, pour la construction de l'église Saint-Paul une masse de granit colossale. Le fût de la colonne élevée à la mémoire d'Alexandre à Saint-Pétersbourg, a été pris dans les carrières de granit du Groënland. A Berne, les ours gigantesques qui décorent la face principale de la

porte d'entrée sont faits avec des blocs de granit des Alpes.

Les *gneiss* sont souvent exploités en même temps que les granits. Lorsqu'ils ne s'effeuillent pas et que leur texture est suffisamment serrée, on les utilise dans les bâtisses d'une importance secondaire.

- Une des roches les plus propres aux constructions est le *trachyte*, pierre dure, compacte, et d'une couleur grisâtre, dont l'exploitation n'offre pas de très grandes difficultés. On la trouve au milieu des conglomérats volcaniques, en amas souvent considérables que l'on attaque au moyen de la poudre de mine, et dont on réserve ensuite les plus gros fragments pour le ciseau du tailleur de pierre. Les morceaux de moindre importance sont employés à l'état brut.

Dans les endroits où le trachyte manque, on est souvent obligé, faute de matériaux plus convenables, d'avoir recours, pour bâtir, à la pierre basaltique, qui, très dure et très cassante, ne se laisse que difficilement travailler. Cependant si, comme on le voit quelquefois, le basalte est disposé en tables horizontales superposées à la façon des assises calcaires, il est alors plus abordable, plus complaisant, et l'on peut en tirer un assez bon parti. Mais telle n'est pas la disposition ordinaire de cette roche. Le basalte, en effet, se présente ordinairement sous la forme de gigantesques colonnes à six pans, rangées les unes près des autres, comme dans la célèbre grotte de Fingal, ce qui les a fait assez heureusement comparer à des *tuyaux d'orgue*.

Ces colonnes de basalte, quelque volumineuses qu'elles soient, ne pourraient être taillées qu'avec une grande peine ; aussi ne les utilise-t-on guère que pour la construction de ces lourdes murailles rustiques qui, par leur seule masse, sont plus solides que si elles étaient bâties au ciment romain.

On voit en Auvergne des habitations qui ont emprunté non seulement leurs murs, mais encore leurs toits, aux roches volcaniques de la contrée. C'est dans les localités où se trouve une variété de trachyte compacte, se divisant en grandes plaques de quatre à douze centimètres d'épaisseur. Cette roche particulière se nomme *phonolithe*, — pierre sonore, — parce qu'elle résonne comme une cloche quand on la frappe avec le marteau. Malgré l'épaisseur et le poids écrasant de ces dalles de phonolithe, les paysans les emploient en guise de tuiles ou d'ardoises pour couvrir leurs maisons. Il est vrai que, grâce à leur structure cyclopéenne, les murs et les charpentes supportent fort bien cette charge excessive. Un des pics les plus remarquables de la chaîne de Cantal, le Puy-de-Griou, est presque entièrement constitué par le phonolithe. A quelques kilomètres de Riom, à Volvic, on trouve également une sorte de basalte tabulaire, gris ardoisé, qui a servi à construire toutes les habitations environnantes. Ce basalte est un énorme fleuve de lave solidifiée, vomie autrefois par le volcan nommé aujourd'hui le Puy-de-Nagerre. Avant l'emploi du bitume et de l'asphalte, les trottoirs des rues de Paris étaient pavés en pierres de Volvic.

CHAPITRE XIV

GEMMES ET PIERRES PRÉCIEUSES.

On connaissait anciennement la plupart des pierres précieuses qui se font remarquer par leur éclat,
leurs belles couleurs et leur dureté. De tout temps
elles ont eu une grande valeur.

Dans l'Écriture-Sainte il est souvent parlé du saphir comme d'une pierre transparente de couleur
bleu de ciel. Des émeraudes et des grenats ont été
trouvés assez fréquemment dans les ruines de l'ancienne Rome. Les objets déterrés des décombres
d'Herculanum et de Pompéï indiquent que l'on dé-
corait même des meubles avec des pierres précieuses.
Du temps des Romains les coupes d'or étaient enri-
chies de pierreries ; les bagues en étaient également
ornées. Néron et Domitien préféraient les ornements
d'émeraude à tous les autres.

Il est facile de s'imaginer que la superstition
n'oublia pas de tirer parti des pierres précieuses, et
qu'on leur attribua un sens magique ; mais ce qu'il
y a de plus singulier c'est leur application à la mé-

decine : on employait la topaze pour la guérison de
la démence et pour donner du courage ; l'émeraude
était un moyen mis en usage pour rendre cordial et
chaste ; l'améthyste servait à combattre l'ivresse, etc.

Les pierres que la bijouterie et la joaillerie emploient sont plus ou moins rares, plus ou moins précieuses, et, par suite, plus ou moins chères. Les
unes, simplemement quartzeuses, tantôt opaques et
tantôt transparentes, blanches, ou présentant les
couleurs les plus vives et les plus variées, sont presque exclusivement composées de silice et de peu de
valeur ; les autres, plus fines, ayant un éclat particulier, rayant le verre, ont d'autant plus de prix
qu'elles sont plus rares, plus difficiles à travailler et
qu'elles ont des couleurs et un éclat inimitables.

La bijouterie travaille les premières. Elle en fait
des coupes, des pendules, des coffrets, des camées
et des bijoux d'un prix relativement inférieur à celui
des objets de joaillerie en pierres fines, tels que bagues, bracelets, colliers et parures qui représentent
souvent des fortunes princières.

Parmi ces pierres on distingue tout d'abord le
cristal de roche, ou quartz hyalin, dont nous avons
déjà dit un mot. Ce cristal qui était autrefois très
recherché, est aujourd'hui presque entièrement dé-
laissé pour le cristal artificiel. A cause de la difficulté de la taille, tous les objets de luxe qu'on en fabriquait, tels que lustres, coupes, cachets, boutons,
revenaient à des prix si élevés que l'industrie a trouvé
plus avantageux de lui substituer le cristal artificiel

qu'on peut obtenir et tailler avec facilité. Cependant
en raison de leur dureté, qui les empêche d'être
rayés par le frottement, les beaux morceaux de cristal
de roche sont encore employés pour faire les lentilles
de divers instruments d'optique.

Très souvent le quartz hyalin présente diverses
colorations; quand il a une teinte violette, il porte le
nom de *fausse améthyste*; jaune, c'est la *fausse topaze;*
rose, il s'appelle *rubis de Bohême;* si sa teinte est
brune et comme fuligineuse, il prend le nom de
cristal enfumé.

L'*opale* est une espèce de quartz composé de
toutes les variétés qui contiennent une certaine
quantité d'eau, qui ont un éclat résineux, et qui sont
fragiles au point de ne pouvoir faire feu sous le bri-
quet comme les autres quartz. Ses variétés sont
nombreuses : la plus intéressante est l'*opale irisée*
(ou opale noble, opale d'Orient). Elle est incolore,
mais produit de beaux reflets d'Iris qui brillent de
toutes les couleurs les plus vives et les plus variées, ce
qui la fait très rechercher des joailliers qui en forment
toutes sortes de bijoux. Ils emploient encore la *gira-
sol* ou opale chatoyante, d'une transparence laiteuse
et à beaux reflets chatoyants, et l'*opale de feu* ou
niellée, qui offre un fond d'un rouge orangé avec des
reflets d'un rouge de feu. La plupart des opales qui
se trouvent aujourd'hui dans le commerce sont four-
nies par la Hongrie.

Les *agates* sont des variétés de quartz hydraté,
composées de pâte fine, compacte, onctueuse et

translucide ; elles sont susceptibles de prendre un
beau poli. Blanches ou coloriées, elles ne diffèrent
entre elles que par leur couleur et par leur plus ou
moins grande translucidité. Lorsqu'elles présentent
une couleur blanche, laiteuse et légèrement bleuâtre,
on leur donne le nom de *calcédoine;* on les appelle
cornaline lorsque leur couleur varie du rose au rouge
orangé et au rouge cerise ; les plus belles cornalines
nous viennent du Japon. La *sardoine* est une agate
d'un beau jaune fauve ou orangé : elle vient de la
Chine, on la trouve également dans le département
de l'Indre. L'*héliotrope* ou *jaspe sanguin* est une agate
vert foncé, ponctuée de rouge. L'agate prend le nom
de *rubannée* quand elle présente une série de bandes
droites, à bords nettement tranchés, d'*onyx* quand
les bandes sont circulaires ou concentriques ; dans
les agates *œillées*, les couleurs forment des bandes
circulaires au milieu desquelles se trouve un point
isolé et d'une couleur tranchée. On nomme agates
arborisées, celles dont la surface porte des dentrites,
ou empreintes représentant des arbres ou des feuilles
et dûes à des substances métalliques incorporées
dans sa masse, à une époque où elle n'était pas encore
consolidée ; quand ces dentrites représentent des lichens, des conserves, la pierre prend le nom de
mousseuse. — L'onyx vient d'Allemagne, d'Écosse et
d'Algérie ; on en a trouvé ainsi que des agates ruba-
nées, à Champigny, près Paris.

Les *jaspes* se distinguent des agates par leur
cassure terne, et par leur défaut de translucidité ; ils

ont donc moins d'éclat et d'onctuosité que celles-ci ;
aussi le commerce n'estime-t-il que les variétés connues sous le nom de jaspes rubannés, panachés ou ti-
grés. On les travaille comme des agates pour en
faire différents objets d'ornement ; mais à cause de
la fixité et de la variété de leurs couleurs, on les
emploie avec plus d'avantage pour les mosaïques.

A côté des quartz nous devons mentionner le
feldspath, qui est un composé de silice, d'alumine et
de potasse. Il est très abondamment répandu dans la
nature ; opaque et quelquefois limpide, il se présente
sous diverses couleurs ; c'est une substance intéressante qui, à raison de sa beauté, peut être utilisée
pour une foule d'objets de fantaisie. Quelques variétés sont réellement remarquables. Ainsi la variété
connue sous le nom de *pierre de lune*, qui est blanche, demi-transparente à reflets intérieurs nacrés :
on la trouve dans l'île de Ceylan et au mont Saint-
Gothard ; la *pierre de soleil*, translucide, d'un aspect
jaunâtre et parsemée de paillettes de mica de couleur
d'or ou de cuivre rouge, se trouve également dans
l'île de Ceylan ; la *pierre des Amazones*, d'une belle
couleur verte, vient de l'Oural ; le *labradorite*, à reflets
vifs et chatoyants, de couleur jaune, rouge, bleue
ou verte, a été trouvée pour la première fois sur la
côte du Labrador.

Le *Jade* n'est que du feldspath intimément associé
à une petite quantité de talc. Sa couleur varie du
blanc de cire au vert olive foncé ; il a une ténacité
remarquable qui fait rebondir le marteau. Les peu-

ples sauvages en font des haches et d'autres instruments tranchants. Les Chinois et les Indiens l'ont en
grande estime ; ils en font des amulettes et différents
objets d'art exécutés avec une rare perfection, mais
d'un prix fort élevé.

Le *Talc* est gras au toucher, flexible et très tendre. Il se présente en général sous une forme feuilletée, compacte ou écailleuse. Sa couleur quelquefois
très blanche, offre dans la plupart des cas des tons
verdâtres et grisâtres. Il existe en grande quantité
dans les couches ou amas de calcaire.

On appelle talc graphique, ou *craie de Briançon*,
une variété de talc qui se trouve très communément
dans le commerce sous la forme de petits magots
chinois, qui portent le nom de *Pagodites*.

L'espèce de talc désignée sous le nom de *pierre
ollaire*, et qu'on trouve en si grande abondance dans
les montagnes du Valais a, de tous temps, servi à fa-
briquer des instruments domestiques.

La craie de Briançon ou talc stéatite est employée
pour adoucir le frottement des rouages en bois, pour
faire glisser les chaussures, les gants, pour tracer
des lignes sur le drap, etc.

La *serpentine* n'est autre chose que du talc stéatite opaque.

Autrefois les bergers de la Saxe sculptaient dans
la serpentine des figurines grossières et c'est bien de
toutes les applications de cette roche, la plus ancienne
que l'on connaisse en Allemagne. Plus d'un siècle
s'est écoulé entre cette époque et celle où l'emploi

de la serpentine a fait de tels progrès que l'on en a
confectionné des colonnes, des portiques, des autels,
des tombeaux, des crucifix, des vases et une multitude d'autres objets élégants.

Il s'est formé jadis, dans la petite ville de Zœblitz,
une société de tourneurs pour travailler la serpentine,
qui fit un commerce considérable de pipes et autres
objets faits de cette matière, avec toutes les parties du
monde, et notamment avec l'Afrique et l'Amérique.
Du reste il hors de doute que les Grecs et les Romains
connaissaient cette roche, et en faisaient usage dans
les arts et métiers; les magnifiques colonnes de serpentine dont étaient décorés le temple et l'amphithéâ-
tre romains de Limoges, provenaient des carrières du
département de la Vienne, qui sont exploitées de
nouveau après avoir été longtemps abandonnées.

Ce qui rendait anciennement la serpentine célèbre, ce qui devait favoriser le débit des objets faits
avec cette roche, c'était le préjugé qui s'attachait à
leur emploi. On attribuait aux vases de serpentine la
propriété d'enlever à tous les poisons leurs effets
pernicieux. Des pierres de cette espèce chauffées
étaient considérés comme un spécifique contre les
maux d'estomac et les maladies d'intestins. Avec de
la poudre fine et savonneuse de serpentine, on faisait
des décoctions, des pilules et des emplâtres que l'on
appliquait pour guérir les morsures des animaux ve-
nimeux et surtout des serpents, et c'est sans doute de
là que cette roche a reçu le nom qu'elle porte.

La couleur primitive de la serpentine est un vert

8

sombre; cependant les nuances brunes, grises, rouges et noires ne sont pas rares, et comme ces différentes couleurs alternent souvent par veines et par
raies, ainsi qu'en taches et en flammes, il en résulte
une variété infinie de dessins.

On rencontre très souvent, dans les serpentines,
une substance des plus singulières et des plus remarquables, même en mettant de côté la fabuleuse importance qu'on lui donnait anciennement. Cette substance c'est l'*asbeste* ou *amiante*. D'un blanc de neige
tirant sur le jaune, le gris et le vert, elle se compose
de fibres très minces parallèles et peu liées les unes
aux autres, ce qui lui donne de la ressemblance avec
la filasse.

Les anciens considéraient l'asbeste comme indestructible dans le feu, et certains faits viennent à
l'appui de cette opinion. Si on jette des fibres dans
le feu, il semble à la vérité qu'elles s'enflamment
d'abord, mais ensuite, lorsqu'on les retire, elles n'ont
rien perdu en volume et reprennent dans un instant
leur premier aspect et leur blancheur naturelle. Mais
soumise à un feu violent, elle se fond et coule en
verre épais. Néanmoins il est faible de s'imaginer
qu'on ne laissât pas sans application une propriété
comme celle dont il s'agit. Avec l'asbeste qui peut se
partager en fils comme le lin, on tresse des étoffes
appelées toiles incombustibles. Les gens riches (car
déjà du temps de Pline ces toiles étaient chères), en-
veloppaient leurs morts dans un linceul de ce genre,
avant de le placer sur le bûcher, afin d'empêcher le

mélange des cendres du cadavre avec les substances étrangères. On conserve à Rome, dans la bibliothèque du Vatican, une urne funéraire trouvée au commencement du siècle passé ; elle contient le crâne et autres restes d'un corps humain, enveloppés dans un tissu d'amiante. Dans l'Inde, les habits d'asbeste font partie des privilèges des bramines. Dans les temples, les lampes doivent toutes avoir des mèches d'asbeste, usage qui est encore le même de nos jours chez les Groënlandais.

Un jour, Charles V, pour réjouir ses hôtes après un grand festin, fit jeter dans le feu tout le linge de table qui était en tissu d'amiante. A Côme, on fabrique avec l'asbeste des dentelles d'une finesse et d'une blancheur rares. Les chinois font des poëles d'asbeste. On en fait aussi du papier qui pourrait rendre de grands services pour les documents importants, mais ce papier est toujours très cassant, rude, dur, et prend l'encre difficilement. En France, on retire l'amiante des Pyrénées et de la Tarentaise (Savoie).

Les *saphirs*, d'un bleu azuré ou indigo, les *rubis d'Orient*, d'un rouge cramoisi et de couleur de fleur de pêcher, appartiennent à une seule et même espèce minérale désignée sous le nom de *corindon*.

Les cristaux de saphir ou corindon hyalin bien formés et d'un joli bleu se présentent implantés dans les granits de la Sibérie. Mais la plupart des variétés bleues ou rouges du corindon que l'on emploie comme pierreries, sont recueillies en galets dans les terrains charriés ou dans les sables des rivières.

Les mines de saphirs les plus célèbres sont situées à
cinq jours de marche d'Ava, dans le royaume des
Birmans. La riche parure de la couronne de Bavière
est en beaux saphirs. Le plus beau rubis connu qui
était de la grandeur d'un œuf de pigeon, se trouvait
sur la couronne de l'impératrice Catherine de Russie.

Une autre espèce de corindon, le *corindon ada-
mantin*, sert, dans le Bengale, à polir les vases de
fer, et, en Chine, pour couper et polir les pierreries ;
c'est, après le diamant, le plus dur de tous les minéraux. En Europe, cette variété se rencontre en
Laponie, dans les Alpes, et dans nos anciennes provinces de l'Auvergne et du Velay.

L'*émeri* ou corindon granuleux, qui est souvent
employé à polir, à cause de sa dureté, est une variété
grenue et grossière du corindon ; il est le plus souvent
mélangé d'oxyde de fer en diverses proportions. Presque tout l'émeri consommé par l'industrie provient de
l'île de Naxos, en Grèce, des îles de Guernesey et
Jersey, et d'Ochsen Kopf, près Schwartzemberger,
en Saxe.

La *topaze* se trouve dans des fentes, dans des
filons étroits de différentes roches et surtout des granits. Celles de l'Oural, qui sont si belles, sont ren-
fermées dans des géodes granitiques. Dans l'Amérique du nord, en Écosse, en Saxe, en Suède, les granits contiennent des topazes implantées en assez
grande abondance.

Une chose digne de remarque, c'est qu'on ne peut
manquer de trouver des topazes là où il y a des mi-

nerais d'étain, et ces derniers sont toujours de pré-
férence dans les granits. En Sibérie, on rencontre de
beaux et gros cristaux de topaze dans le sable gra-
nitique.

On conserve à Dresde des garnitures magnifiques
en topazes : il y a des cristaux de quatre pouces de
long sur deux pouces de large.

Les topazes n'occupent pas la dernière place dans
la classe des pierres précieuses, bien qu'elles ne soient
pas toujours pures et transparentes. La faculté de
recevoir un beau poli, un éclat intérieur, parfait et
d'une grande force, donnent aux topazes une valeur
particulière. Les joailliers distinguent, selon la couleur et le lieu d'extraction, les topazes du Brésil, de
la Sibérie et de la Saxe. On ne peut méconnaître non
plus que certaines nuances sont propres à tel ou tel
pays ; ainsi dans le Brésil, là où se trouvent des
topazes jaunes, on n'en rencontre point de rouges et
vice-versà. Les topazes de la Saxe sont ordinairement d'un jaune rougeâtre pâle, couleur primitive et
en même temps caractéristique de ce minéral. Le
jaune rougeâtre pâle passe d'un côté au bleu violet
et de l'autre au vert grisâtre. On trouve des topazes
blanches en Australie, en Sibérie et au Brésil. Les
montagnes de l'Oural fournissent surtout des topazes
parfaitement limpides qu'on polit avec beaucoup de
goût à Katharinembourg. Les topazes d'un vert grisâtre pâle se présentent aussi en Sibérie ; celles qui
sont couleur de fleur de pêcher, rouge pâle, ou jaune
de miel, enfin celles d'un bleu violet, qui sont très es-

timées, sont recueillies au Brésil. La couleur rose de
certaines topazes est obtenue artificiellement par la
chaleur.

La *spinelle* est une pierre qui a une certaine valeur
à cause de son éclat, de sa couleur et de sa dureté.
Les spinelles transparentes, d'un rouge carmin ou
roses, appelés *rubis*, sont les plus beaux et très diver-
sement employés pour la parure. On les trouve en
cristaux isolés ou en cailloux roulés dans les sables
des rivières, dans l'alluvion, surtout à Ceylan et à
Pégou. En Chine, on regarde les rubis comme l'em-
blême de l'amitié et de l'amour.

Le *lapis-lazuli* ou *lazulite* se rencontre en Sibérie,
près du lac Baïkal, en Boukharie, au Thibet, en Chine
et en Perse; cette gemme est d'un bleu magnifique
(que l'on a imité artificiellement sous le nom de bleu
d'outremer), scintillante, mais d'un éclat assez faible. Elle se laisse facilement travailler et est susceptible de recevoir un très beau poli, de telle sorte qu'on
l'emploie avec avantage pour des objets de parure et
d'ornement. On en fait des vases, des bassins, des
coupes, des lampes, des statuettes, des pendules, des
coffrets, des étuis. Elle sert aussi pour les ornements
d'architecture, pour la décoration des autels et des
cheminées, ainsi que pour des mosaïques. Néanmoins
son emploi est bien diminué, relativement à celui qu'en
faisaient les Grecs et les Romains qui la connaissaient
sous le nom de saphir. On trouve, dans plusieurs
palais de Saint-Pétersbourg, des salles, du temps de
Catherine II, décorées magnifiquement en lazulite.

Par exemple, dans le château de Zars-Koje-Selo, brûlé depuis le commencement du siècle, il y avait des murs et des piliers revêtus entièrement de lazulite.

Les *grenats* rouges, verts, jaunes et bruns se trouvent en grande quantité en Scandinavie. Les grains des grenats arrondis ou anguleux sont percés, taillés en facettes, mais sans régularité, et enfilés ; on en fait ensuite des colliers. La recherche de ces pierres, faites sur une grande échelle, en a fait baisser considérablement le prix. Pour les bagues, les épingles et les pendants d'oreilles, les grenats les plus estimés sont ceux du Groënland et de l'Inde. Ils ont à la fois une couleur d'un rouge très ardent, et beaucoup de pureté. On fait des tabatières et autres objets de luxe avec les gros grenats du Tyrol et de la Styrie.

Parmi les pierres précieuses vertes, les *émeraudes* ont un attrait tout particulier ; leur aspect satisfait la vue sans la fatiguer. On prétend que les anciens Péruviens adoraient comme une divinité un cristal d'émeraude de la grosseur d'un œuf d'autruche.

Les émeraudes sont d'une grosseur et d'une beauté remarquable, en Égypte et à Katharinembourg, en Sibérie ; mais la véritable patrie de cette gemme c'est le Pérou. C'étaient les mines de la vallée de Tunca qui fournissaient de l'émeraude à l'Europe et à l'Orient, et c'est encore en partie comme cela aujourd'hui.

Le *béril* ou *aigue-marine* appartient à la même espèce minérale que l'émeraude. Les deux substances sont des combinaisons de silice, d'alumine et de glycine. A Limoges, on en trouve en assez grande abondance. Les cristaux de Nortschinks (Sibérie) sont d'une beauté remarquable. En Espagne, dans la province de Galice, on en trouve d'une grosseur qui est telle qu'on les emploie pour des encadrements de portes, mais ils sont, en général, pâles, sales et peu transparents. Les beaux bérils très gros d'un vert clair, parfaitement transparents, comme on les trouve au Brésil, sont de rares exceptions.

Le *chrysobéril* est d'une moindre importance, à cause de la faiblesse de son éclat et du peu de beauté de sa couleur vert d'asperge. On se trouve dans l'Amérique du nord, dans l'île de Ceylan et au Brésil. Dans les mêmes terrains on rencontre du *Chrysoprase* ou *quartz agate prase*, employé pour des ornements.

Il y a un siècle et demi environ qu'un officier prussien découvrit le chrysoprase sur le Kosemutzer, en Silésie. Frédéric II, qui affectionnait cette pierre précieuse comme un produit du pays, en fonda en quelque sorte la renommée. Ce monarque avait l'habitude de porter constamment des bagues et des tabatières de chrysoprase. Il fit décorer Sans-Souci avec cette pierre ; on trouve aussi, dans les jardins du roi, à Potsdam, plusieurs dessus de tables de prix en chrysoprase. Les ornements des murs de la chapelle de Venceslas, dans la cathédrale de Prague, prouvent que ce minéral était déjà connu et employé dans le XIVᵉ siècle.

Cette espèce minérale est d'une couleur vert

pomme qui n'est pas toujours complète, mais un peu pâle lorsque le minéral se trouve dans un endroit chaud et sec ; aussi les joailliers la conservent dans des caves et dans du coton humide. Jusqu'à présent, on n'en a trouvé qu'en Silésie.

La *tourmaline* est un silicate alumineux borifère, remarquable par la propriété qu'il possède de s'électriser par la chaleur et par le frottement. De là les noms de pierre électrique et de pierre d'aimant de Ceylan, sous lesquels on désignait autrefois cette espèce minérale.

Tantôt opaque ou légèrement translucide, tantôt transparente, sa couleur ordinaire est noire ; néanmoins on en trouve des rouges, des bleues, des vertes, etc. Quoique cette pierre produise fort peu d'effet, on l'emploie dans la bijouterie commune, surtout les variétés vertes, bleues, rouges qui peuvent imiter jusqu'à un certain point l'émeraude, le saphir ou le rubis.

On la rencontre généralement dans les roches de cristallisation. Certains dépôts du Saint-Gothard en fournissent d'un beau vert clair qu'on ne trouve pas ailleurs. Elles nous arrivent toutes taillées du Brésil, de l'Inde, de Ceylan et de quelques autres contrées de l'Orient.

La *turquoise* est une matière opaque d'un bleu clair ou verdâtre qui est assez dure pour prendre un beau poli et qu'on emploie dans la joaillerie comme pierre d'ornement. On distingue surtout la turquoise orientale qui est d'un bleu pâle qui tire sur le verdâtre. On la rencontre en Perse, en Syrie, dans les terrains d'alluvion.

Les turquoises étaient employées par les anciens comme spécifiques contre certaines maladies, et comme amulettes pour conserver la jeunesse aux femmes et pour préserver des malheurs, de telle sorte que ces gemmes avaient une très grande valeur à cette époque. De nos jours encore, les Arabes ont des opinions particulières sur les turquoises. En Perse le nom de *firozats*, (victorieux) lui est resté, et on y fait un gros commerce de ces pierres pour amulettes. Le schah Nadir en portait une en forme de cœur de deux pouces de grosseur avec un verset du coran gravé en lettres d'or.

La Perse est la véritable patrie des turquoises. Les plus célèbres mines sont celles de Nichabour, dans la province de Khorassan : une route à travers un pays plat conduit de Nichabour à une série de collines au pied desquelles est situé le village de Madan. Ce sont ces collines qui renferment les turquoises. Tous les voyageurs anciens et modernes qui ont traversé la Perse, s'accordent à dire que ces mines sont exploitées de la manière la plus misérable. Rien ne peut y être comparé à des puits ou à des galeries, ni à un travail régulier et conduit d'après les règles de l'art. Tout manque aux ouvriers, même les outils les plus nécessaires. Sans cette incurie, le gouvernement Persan retirerait un grand profit de ces précieux gisements. Le débit principal des turquoises se fait par les marchands de Nichabour ou de Mechhed;

ville visitée tous les ans par un grand nombre de pèlerins qui viennent y voir le tombeau d'Iman-Ali, fils
de Moussa, regardé comme le patron de la Perse. Les
pèlerins pieux regardent comme un devoir sacré d'a-
cheter de petits bagues en turquoise. Les plus grosses
pierres vont à Bucharest et de là en Russie et dans
d'autres états européens. L'Inde en fait aussi une
certaine consommation.

La turquoise occidentale, ou fausse turquoise n'est
qu'un fragment d'ivoire ou d'os fossile, coloré par du
phosphate de fer. Elle est peu estimée. On la rencontre dans le département du Gers, et en Suisse,
dans le canton d'Argovie.

Les anciens appelaient *améthyste* une pierre précieuse de couleur violette : « A en croire le charla-
tanisme des magiciens, dit Pline, elle préserve de
l'ivresse. » Ils en connaissaient cinq espèces qu'ils dé-
signaient sous le nom collectif de *pierre de Vénus*. De
nos jours, ce nom d'améthyste s'applique à un quartz
de couleur violette plus ou moins foncée, tantôt uniforme, tantôt entremêlée par bandes parallèles, ou
par zônes en zigzag, avec du quartz blanc. On la rencontre quelquefois en masses assez considérables
pour qu'on puisse en sculpter des colonnes et des
coupes.

Elle est très estimée, lorsque, sous une belle grandeur, elle présente une belle couleur d'un beau violet velouté. Elle sert alors particulièrement à l'ornement des bagues des évêques : de là le nom de
pierre épiscopale qu'on lui donne quelquefois. Pour

les parures, on emploie les améthystes claires qui
sont moins rares. Ces gemmes viennent de Cartha-
gène, des Asturies, de l'Inde, du Brésil, de la Sibérie et des Hautes-Alpes.

Le *zircon* est une pierre précieuse qui nous vient
de Norvège, de Suède et du Groënland. On la rencontre aussi très souvent dans la *siénite*, espèce de
roche feldspathique que les anciens employaient
beaucoup dans les monuments. Les Égyptiens en
façonnaient des statues et plus souvent encore des
obélisques, qu'ils dédiaient au soleil ou à la mémoire
des grands rois.

Les zircons rouges étaient connus dans l'antiquité
sous le nom de *hyacinthes*. Pline dit de l'hyacinthe
qu'elle perd son éclat avant que l'œil se soit rassasié
de sa vue, qu'elle se fane plus vite encore que les
fleurs dont elle porte le nom.

Cette appréciation se rapporterait plutôt à l'amét
thyste, et il est possible que les anciens aient souven-
confondu les deux minéraux.

CHAPITRE XV

Mines de Golconde et du Brésil.

Le diamant, la plus belle des pierres précieuses, dont Newton avait pressenti l'étrange nature, n'est que du carbone pur arrivé à un degré extraordinaire de dureté et de densité. Cette identité de la nature du charbon et du diamant avait donné de folles espérances à certains enthousiastes qui prévoyaient déjà le jour où les fabriques indigènes rivaliseraient, pour la beauté et la netteté de l'eau de leurs diamants avec les mines de Golconde et du Brésil.

De nombreux essais ont été, en effet, tenté dans cette voie, mais en vain.

Pendant bien des siècles, tous nos diamants nous venaient de l'Orient, et, par conséquent, ils étaient fort rares. Ce ne fut que longtemps après la découverte de l'Amérique que l'on trouva des diamants au Brésil.

On a remarqué que les diamants ne se trouvent

que sous la zône torride [1], et que les mines du Brésil
sont à la même distance au sud de l'équateur, que
celles de l'Inde au nord de la même ligne.

La beauté du diamant est réputée d'autant plus
grande que l'on peut moins le distinguer; c'est-à-
dire que, lorsqu'il est bien poli et clair, on ne peut
distinguer la pierre elle-même, mais que l'on ne
discerne que les éclairs qui jaillissent de tous les
points des facettes.

On le compare a une goutte d'eau de fontaine, parfaitement pure; et quand il brille du plus grand éclat,
on dit que l'on a un *diamant de la plus belle eau.*

Comme les mines de Golconde ont joui pendant
longtemps de la plus grande célébrité, c'est par elles,
si vous le voulez bien, que nous commencerons
notre visite.

Raolconda est la mine la plus importante. Elle
est située à cinq journées de distance de la ville de
Golconde; elle fut découverte au commencement du
xviiᵉ siècle. Le pays est boisé et en même temps ro-
cailleux; des chaînes de collines le coupent transver-
salement. Dans les crevasses de la roche, on trouve
quelquefois des veines sableuses très étroites : c'est
là que se trouvent les diamants, et les mineurs pour
les découvrir sont obligés d'employer des crochets de
fer avec lesquels ils enlèvent la terre et le sable.
Cette terre et ce sable sont lavés avec beaucoup

1. Au moment où nous écrivons ces lignes, nous apprenons que
l'on vient de trouver des diamants en Bohême, dans les terrains où
l'on rencontre le grenat. Le fait mérite confirmation.

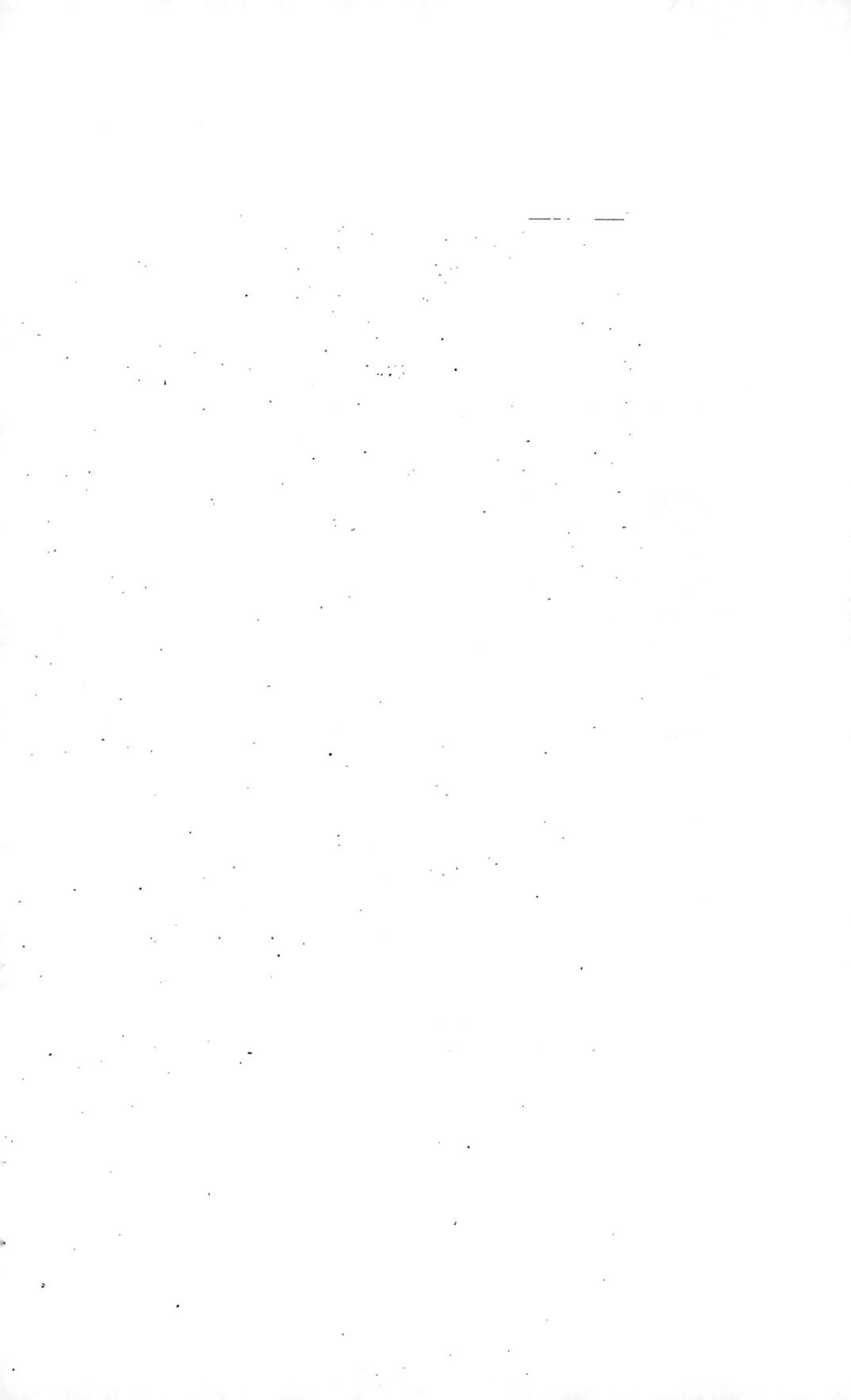

d'attention, et l'on met de côté, à mesure, les pierres et les cailloux que l'on rencontre. Quand la veine se trouve interrompue, on fait une fente plus loin dans la roche, et par ce moyen ou retrouve la veine, ou on en retrouve une autre.

Comme la valeur de ces pierres précieuses est très considérable et qu'il serait facile de les cacher, on fait travailler les mineurs complètement nus; en outre, des inspecteurs les surveillent constamment. Malgré toute cette vigilance, les mineurs avalent souvent les diamants, et peuvent de cette manière se soustraire à toutes les précautions prises contre eux.

Le fameux diamant appartenant au grand Mogol a été trouvé dans le voisinage de Gani ou de Cou-lom, qui est à sept jours de Golconde. La mine a été découverte il y a environ deux cents ans par un paysan qui creusait la terre à cet endroit.

La terre, dans les environs, est de différentes couleurs, rouge, verte, jaune, etc., et fréquemment les diamants qu'on y trouve ont les mêmes teintes ; ce qui nuit à leur éclat, et, par conséquent à leur valeur.

Il ne faut pas prendre ici le mot mine à la lettre, et croire qu'on est obligé de faire de profondes excava-vations pour récolter le diamant. Ainsi la mine de Gani, qui est la plus ancienne, est située dans la province de Bengale, au milieu de sables de la rivière Goual, qui se décharge dans le Gange. Comme la mine se trouve dans le voisinage de la ville de Sou-melpour, on lui donne assez fréquemment ce nom.

9

C'est de ce lieu que nous viennent ces brillants si
petits, mais admirables par leur pureté et leur éclat,
connus sous le nom d'étincelles. Les pluies abondantes qui détrempent la terre, entraînent avec elles les
pierres précieuses. Quand la saison pluvieuse a fait
place à une série de beaux temps, c'est-à-dire vers
les mois de décembre ou de janvier, et que les eaux
ont déposé leur limon, la recherche des diamants
commence.

Dix mille habitants de la ville ou des environs
s'assemblent pour cette opération. C'est une sorte de
moisson, car les enfants mêmes sont capables d'aider
à ce travail.

Ce n'est qu'en 1728 que le diamant a été découvert
au Brésil. Voici comment a eu lieu cette découverte :
les nègres condamnés à la recherche de l'or, trouvaient souvent dans le sable et le gravier, de petites
pierres brillantes qui, n'étant par l'or qu'ils cher-
chaient, étaient rejetées.

Mais quelques mineurs, cependant, avaient mis
de côté un petit nombre de ces pierres et les firent
voir au gouverneur. Celui-ci, qui avait voyagé dans
les Indes orientales, soupçonna qu'elles pouvaient
être du diamant et les envoya en Europe, où, ayant
été taillées, elles furent reconnues pour diamants
d'une très belle eau, inférieurs cependant à ceux de
Golconde.

Le gisement de ces diamants est un lieu appelé
Serro-de-Frio, situé au nord de Villa Rica. Le pays
d'alentour paraît imprégné de gangue ferrugineuse,

et la terre dans laquelle on trouve les diamants est
elle-même ferrugineuse à un haut degré. Les mineurs
trouvent le lit diamantifère immédiatement au-dessous du terrain argileux. La présence du fer semble
commune à tous les gisements de diamants.

CHAPITRE XVI

Carbonate de soude. — Natron. — Sel gemme. — Nitrate de soude. Salpêtre.

Les sels alcalins, à base de potasse ou de soude, sont très répandus dans la nature.

Le carbonate de soude, formé par l'union intime de l'acide carbonique et de la soude, se rencontre dans l'eau de certain lacs en Hongrie, en Égypte, en Arabie, en Perse, dans l'Inde, dans le Thibet, dans la Chine, dans la Sibérie, au Mexique, et sur les bords de la Mer Caspienne et de la Mer Morte. Le sol de ces contrées contient aussi de grandes quantités de carbonate de soude. Ces terrains durcissent beaucoup en été, sont très secs, d'une couleur foncée et sans aucune végétation.

Le *natron* est une variété de carbonate de soude qui se rencontre très fréquemmeut en Egypte. Ce sel se dépose par l'évaporation spontanée de petits lacs d'eau salée.

La plupart de ces lacs sont situés dans le désert de Thaïat.

Les anciens qui ne connaissaient pas d'autre soude carbonatée, l'appliquaient à la fabrication du verre et des lessives.

On s'en sert encore à Marseille pour la fabrication des savons durs. Les Egyptiens s'en servirent longtemps pour saler les cadavres et assurer leur conservation.

Le sel marin ou sel gemme est une des plus importantes substances que nous offre la nature qui, dans sa prévoyance infinie, l'a répandue à profusion sur tous les points du globe, parce qu'elle est indispensable à notre existence. Ses propriétés antiseptiques ont été connues depuis les temps les plus reculés; aussi les hommes l'ont-ils employé de tout temps à la conservation de leurs aliments.

Dans l'intérieur de la terre, le sel constitue des masses plus ou moins considérables, dont la pureté est très variable.

Il est quelquefois coloré en gris, ou en rouge et, plus rarement, il présente des teintes violette, bleue, verte ou jaune.

Des gisements remarquables de sel gemme en couches existent dans le département de la Meurthe, et à Northwich, dans le comté de Cheshire, en Angleterre.

On rencontre aussi de grands amas de sel de gemme à Wieliczka, en Galicie, à Hallein, dans le district de Salzbourg, dans la Haute-Autriche, à Cardone, en Catalogne, et dans les différentes parties du monde.

A Cardone, l'exploitation se fait à ciel ouvert et par gradins. Il est difficile de se représenter le spectacle magnifique de ces vastes carrières. Les bancs de sel, blanc et transparent, ont tout l'éclat du cristal de roche, tandis que d'autres parties, colorées en bleu, en rouge, ou mélangées d'argiles grisâtres, donnent aux flancs abruptes, aux déchirures, aux pointes et aux crêtes saillantes de cette masse imposante, l'aspect d'une montagnes de pierres précieuses qui surpasse en éclat tout ce que, dans leurs descriptions, l'imagination des Orientaux se plaît à nous raconter sur les demeures des fées et des génies.

Mais, le plus généralement, l'exploitation se fait, comme pour les minerais, par puits et galeries. Ces exploitations sont toujours très importantes, et les mines, qui atteignent le plus souvent des profondeurs considérables, présentent, surtout lorsqu'elles sont éclairées aux flambeaux, des aspects à la fois-étranges et magiques, qui saisissent vivement l'esprit des visiteurs transportés subitement dans ces profondeurs où les lumières, en se reflétant sur les parois cristallisées des galeries, produisent une infinie variété d'images éblouissantes et fantastiques.

Le nitrate de soude, dont on consomme de grandes quantités en Europe pour la fabrication du salpêtre, forme d'immenses plaines au Chili, et dans la *pampa de sal*, aux environs de Huntajaya dans le Pérou méridional.

Quant au salpêtre, au nitrate de potasse, on le rencontre souvent en efflorescences comme revêtements de certaines roches, mais surtout dans les grottes et à la surface du sol, en Espagne, en Hongrie, en Égypte, dans l'Inde, dans l'Amérique septentrionale et au Brésil. Les formations de salpêtre dans la grotte de Burcardus, près de Wurtzbourg, en Allemagne, sont très célèbres.

CHAPITRE XVII

LES GROTTES

Superstitions. — Les grandes grottes. — Grottes glacées. — Grottes
à torrents. — Grottes empoisonnées. — Grottes d'Eole et de
Terni. — Caves de Roquefort. — Grotte d'azur. — Ponts naturels et oiseaux d'Icononzo.

Le penchant des hommes vers tout ce qui est
énigmatique, mystérieux et extraordinaire, leur fit
toujours regarder les grottes avec un étonnement et
une curiosité qui ne peuvent surprendre. Ces œuvres
grandioses de la nature, examinées au milieu de l'i-
gnorance des premiers siècles, donnèrent lieu à des
idées superstitieuses et étranges. L'imagination dut
travailler d'une manière particulière sur ces esprits,
de là des erreurs et des fables remontant à la plus
haute antiquité, et qu'une crédulité ignorante a
transmises de génération en génération.

Rien n'était assez sauvage, assez extraordinaire
pour le peuple. Des préjugés absurdes remplissaient
d'horreur et d'épouvante; on se créait des illusions
de tout genre. Des récits fabuleux se rattachaient à

toutes les grottes, que l'on donnait pour demeures
aux fées et aux esprits des brouillards; c'est là, di-
sait-on, qu'habitaient les gnômes et les démons, être
toujours privés de la lumière du jour.

Les Indiens croient que les parties les plus reculées et les plus profondes des grottes de leur pays,
sont encore habitées par des esprits, et, pleins d'une
sainte frayeur, ils n'osent pas pénétrer dans des
lieux que n'éclairent ni le soleil, ni la lune. D'après
les idées obscures et originales des Haïtiens sur la
création du monde, le soleil et la lune ont dû sortir primitivement des grottes pour éclairer la terre.
Les habitants de cette île sont aussi dans l'opinion
que les premiers hommes sont venus du sein de la
terre; que les plus gros sont sortis des grottes spacieuses et les maigres des crevasses étroites. Les
femmes manquaient encore, lorsqu'on aperçut un
jour des êtres vivants entre les branches des arbres.
Les hommes s'efforcèrent longtemps en vain de saisir ces êtres, car ils étaient glissants comme des anguilles : c'étaient des femmes.

Les grottes servaient aussi pour la célébration
des mystères religieux, les anciens Égyptiens y conservaient leurs momies.

La grotte de saint Paul est tenue pour sainte
parce qu'elle servit de refuge à cet apôtre; celle de
saint Jean à Patmos est, dit-on, le lieu où l'Apocalypse a été écrite. La grotte de saint Béat, sur le
lac de Thun, tira son nom du saint qui, sous l'empereur Claude, vint le premier prêcher le christianisme

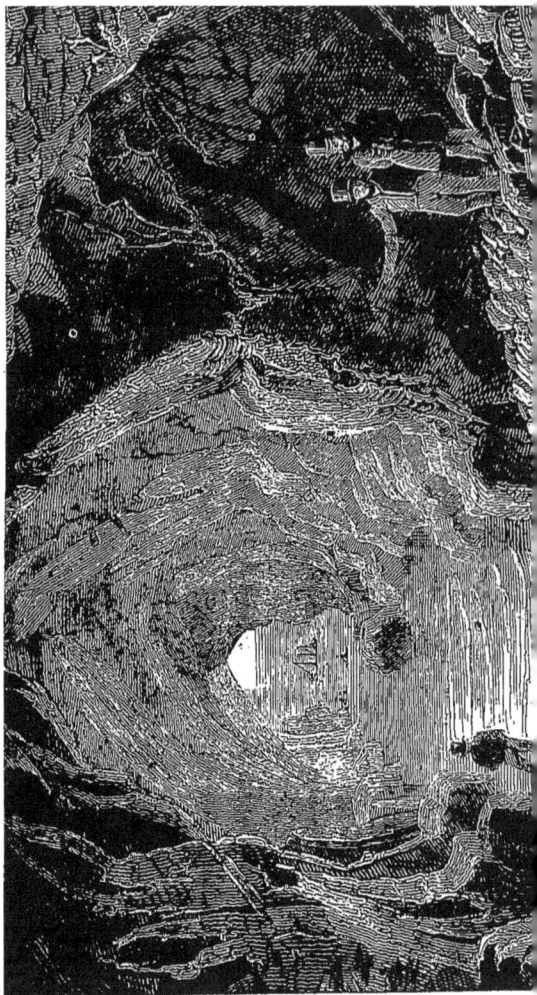

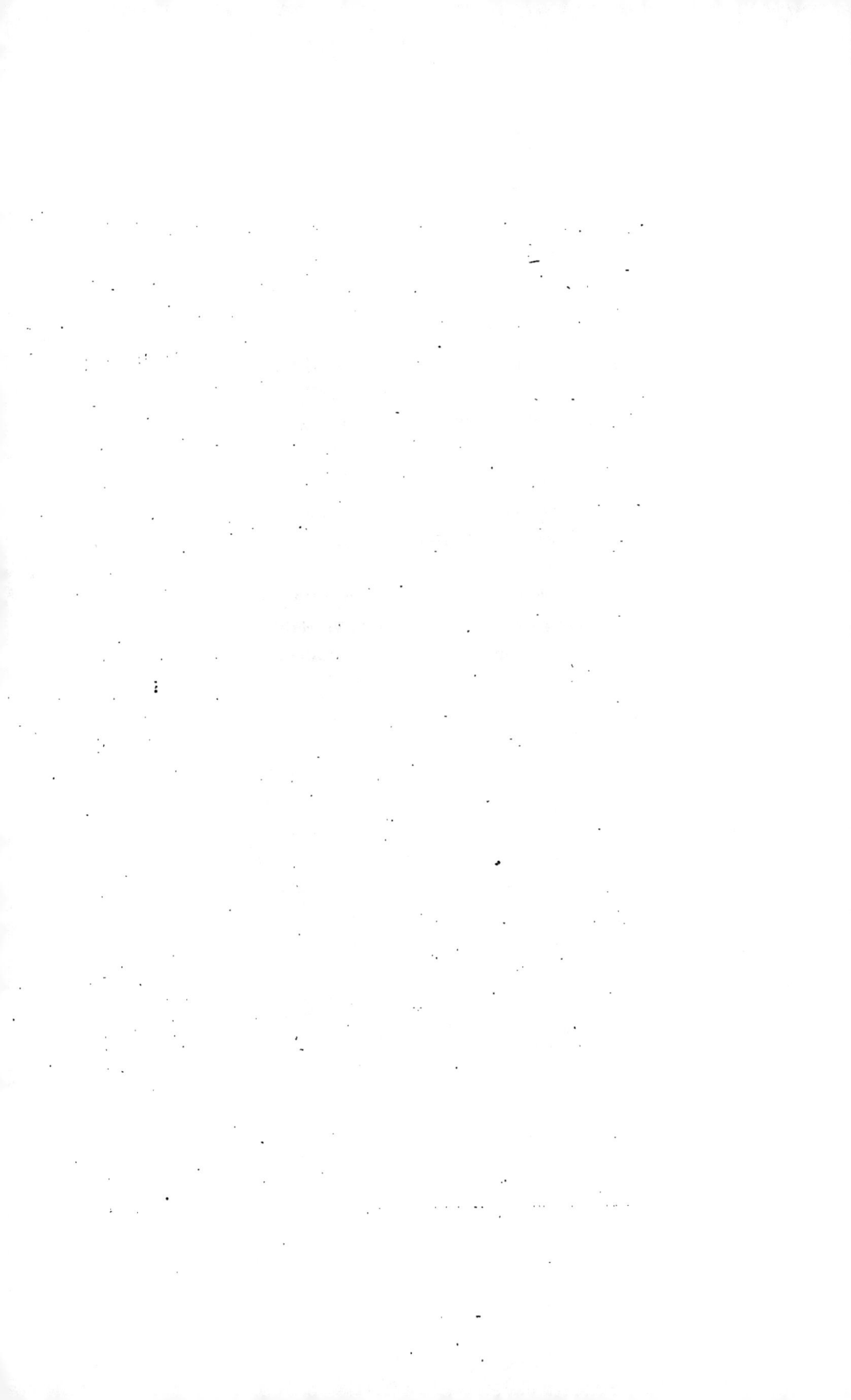

en Suisse et qui se retira à cet endroit où il mourut
et fut enterré.

Les magiciens et les empoisonneurs exécutant
leur jongleries nocturnes faisaient leurs conjurations à
l'entrée des cavernes. Les chercheurs de trésors fouil-
laient l'intérieur des crevasses pour y découvrir des
talismans et des pierres précieuses. Les peuples païens
adoraient leurs dieux dans des grottes ; quelques-
unes de celles-ci servirent de catacombes ; une partie
des tombeaux des rois d'Égypte se trouve dans des
cavités naturelles de ce genre. Pendant les guerres des
siècles passés, des familles et même des villages entiers cherchèrent un asile dans les cavernes.

Les entrées des grottes ne sont quelquefois que
des fentes étroites, mais quelquefois aussi elles sont
grandes, larges, spacieuses, comme si elles avaient
été faites par la main des hommes. Certains orifices
de grottes ressemblent à des portes magnifiques, d'autres sont en forme d'arceaux : il y en a aussi qui
sont recouverts par une roche percée, au milieu de
laquelle on est obligé de se laisser glisser comme
dans un tuyau de cheminée. L'entrée est souvent mas-
quée par des roches voisines, de telle sorte qu'on ne
l'aperçoit que lorsqu'on en est tout près.

Quelques grottes se trouvent dans des lieux si élevés et si raides que l'on ne peut parvenir à l'entrée
qu'avec peine et fatigue, et même en courant de véritables dangers. Il y a en Écosse plusieurs grottes
situées sur une côte peu élevée mais très escarpée. On
ne peut y arriver à pieds secs qu'au moment de la

marée basse, mais il est facile d'y aller du côté de la
mer. C'est ainsi pour la *spar-cave* (grotte de spath)
sur l'île de Skye. Des marches de rochers énormes
forment un vestibule s'avançant dans la mer, en s'é-
levant de plus de 100 pieds ; les vagues pénètrent
dans ce canal. Le coup d'œil est sauvage, mais d'une
beauté impossible à décrire ; la voûte magnifique,
ayant la forme d'une ogive, est soutenue par des
milliers de stalactites.

Tandis que certaines grottes ont une formation
uniforme et régulière, et des compartiments qui sui-
vent la même direction, on en voit d'autres au contraire, d'une configuration vraiment embrouillée, où
des chambres merveilleuses de diverses formes
communiquent entre elles d'une manière singulière.
Dans le labyrinthe de l'île de Candie, des allées
nombreuses et tortueuses se croisent dans toutes les
directions ; elles sont circulaires, de telle sorte que
cette grotte offre l'image d'un chaos, et porte avec
raison le nom du célèbre et merveilleux chef-d'œuvre
des anciens, que l'on dit avoir été construit dans l'île
de Crète par Dédale, sur le modèle du labyrinthe
égyptien.

Tantôt les compartiments ou salles des grottes
sont tous égaux pour la grandeur ou la hauteur, et
sont au même niveau, tantôt les grottes se composent
d'étages successifs qu'il faut monter et descendre
pour les visiter. Passant par des corridors si bas
qu'on ne peut s'y mouvoir qu'en se courbant, ou
par des crevasses étroites d'abord et s'élargissant en-

suite, on arrive enfin dans des salles majestueuses, qui excitent l'étonnement et l'admiration, sous des voûtes hardies, dont les parois s'élevant régulières comme celles d'un temple, vont se réunir si haut que l'œil peut à peine en distinguer la partie supérieure. On peut se faire une idée de la grandeur d'un grand nombre de grottes, et comprendre combien elles descendent profondément dans l'intérieur des montagnes, en se rappelant quelques faits qui sont consignés dans une foule d'ouvrages. Il y a environ deux cents ans, que l'ambassadeur français à Constantinople, Nointel, visita avec cinq cents personnes la célèbre grotte d'Antiparos, dans l'archipel grec. Il passa le jour de Noël dans ces vastes salles éclairées par cent torches et quatre cents lampes. Il y fit dire la messe avec une grande pompe, et au moment de l'élévation, on fit partir des boîtes à l'entrée de la grotte tandis qu'une musique guerrière retentissait dans l'intérieur.

La vallée de Quirita sur le Caucase renferme plusieurs grottes; les plus grandes ont servi d'asile pendant les temps de guerre, et même de demeure aux habitants du pays. Elles sont maintenant abandonnées, mais il reste encore un village nommé Gouemi, qui est bâti dans l'une d'elles.

Dans le Kentucky, aux États-Unis, il faut au moins une vingtaine d'heures pour visiter entièrement ce que l'on appelle la *grande grotte;* elle a beaucoup de divisions intérieures qui sont quelquefois d'une étendue considérable. Une des salles, située à une lieue

et demie de l'entrée, a une superficie de 30,000 mètres carrés environ : on la nomme la *Capitale*.

L'immense voûte qui la couvre n'est soutenue
par aucun pilier ; de cinq côtés différents s'ouvrent
de larges passages, quelquefois très longs. Il condui-
sent à trois autres salles dont l'une se fait remarquer
par l'extraordinaire élévation de sa voûte, qui est de
200 pieds ; la troisième salle est à deux lieues et demie de l'entrée. La rivière verte (*Green-River*), qui
est navigable, coule sur une partie de la grande
grotte.

Les stalactites de différentes grandeurs dont les
grottes sont, en général, revêtues, les décorent d'une
manière particulière. Leurs formes, quelquefois
extraordinaires et assez souvent d'une perfection
vraiment étonnante, forment un coup d'œil d'une
rare beauté. On croirait voir des temples avec des
arcades magnifiques, soutenues par des colonnes
énormes : tout est aussi régulier que si un architecte
éminent avait dirigé le travail. Des piliers massifs
supportent les plafonds immenses d'un grand nombre
de grottes ; de légers pilastres de tubes semblables à
des aiguilles, s'élèvent au-dessus du sol, tandis que
d'autres stalactites sont suspendues au toit.

Dans les grottes, nouvellement ouvertes surtout,
les stalactites offrent souvent les scènes les plus
belles ; il n'est pas rare qu'elles soient claires, transparentes comme de la glace, d'une blancheur éblouissante, pareille à celle de la neige ; lorsqu'elles sont
éclairées par des torches, l'œil ne peut en supporter

l'éclat. Dans la grotte d'Antiparos, il y a une place
qui est surtout remarquable par la splendeur des
stalactites : on la nomme la *Gloire*, parce qu'elle
brille comme le soleil et remplit la grotte d'une clarté
telle qu'on la croirait éclairée par des milliers de
flambeaux.

Si l'on fait attention à la variété vraiment prodigieuse de formes, qu'offrent les stalactites, on ne doit
pas s'étonner qu'elles soient regardées avec une espèce d'admiration ignorante par le peuple, et qu'elles
excitent la curiosité en même temps qu'elles occa-
sionnent une foule d'illusions, toutes les fois qu'on se
persuade qu'elles offrent des ressemblances, plus ou
moins frappantes ; car, dans ces œuvres produites
par une nature inépuisable dans ses formes, les illusions ne se perdent qu'après un long et minutieux
examen.

Lorsque l'air des cavités souterraines se trouve en
dehors des influences extérieures, la température de
ces cavernes est la moyenne de celle de la contrée
où elles sont situées. Dans les grottes profondes ce
rapport est invariable ; c'est pourquoi elles sont
fraîches en été et chaudes en hiver. Mais il existe
aussi des grottes dans lesquelles la glace se conserve
pendant toute l'année, et où l'on trouve, même au
milieu de l'été, le froid de l'hiver. Ces glacières naturelles se rencontrent dans les terrains des contrées
les plus diverses, mais surtout dans le calcaire ; par
exemple, dans le Jura et les Apennins, au pic de
Teyde, sur l'île de Ténériffe et dans la Savoie, dans

l'Oural et à Besançon, en Hongrie et en Styrie. Les
entrées en sont ordinairement très sauvages et semblables à des gouffres. Ces glacières reçoivent leur
plus bel ornement des masses de glace qui s'élèvent
du sol ou qui sont suspendues au plafond sous diverses
formes. Quelquefois ces énormes stalactites sont
reuses, de telle sorte qu'une lumière placée dans
l'intérieur, produit un effet magique ; elle répand une
clarté resplendissante qui éblouit les yeux. Les vides
intérieurs de ces stalactites sont quelquefois revêtus
d'aiguilles de glace très délicates.

Tandis qu'un assez grand nombre de grottes sont
sèches, il y en a d'autres qui contiennent plus ou
moins d'eau. Lorsqu'on les parcourt on est obligé de
se placer sur des bateaux et de naviguer sur des courants qui passent sous des arceaux très bas, ou bien
de marcher le long des bords autant que le permettent
les stalactites entre lesquelles les courants se sont
creusés un lit. Autour de masses d'eau plus ou moins
grandes se dépose, peu à peu, une croûte mince de
calcaire, et de là résulte de véritables bassins stalac-
tiques. Les rivières qui sortent des grottes forment
le plus souvent un seul canal horizontal dont l'agran-
dissement est presque imperceptible. Dans l'Alpe
Wurtembergeoise, une petite rivière sort de la grotte
de Frédéric où l'on ne peut ainsi pénétrer qu'en
bateau ; la profondeur de l'eau atteint quelquefois
36 pieds. La grotte d'Osselles, près de Besançon,
est traversée par un courant qui se perd dans un
canal pour reparaître plus loin, sur les bords du

Fig. 18. — Grotte de Guacharo (Amérique).

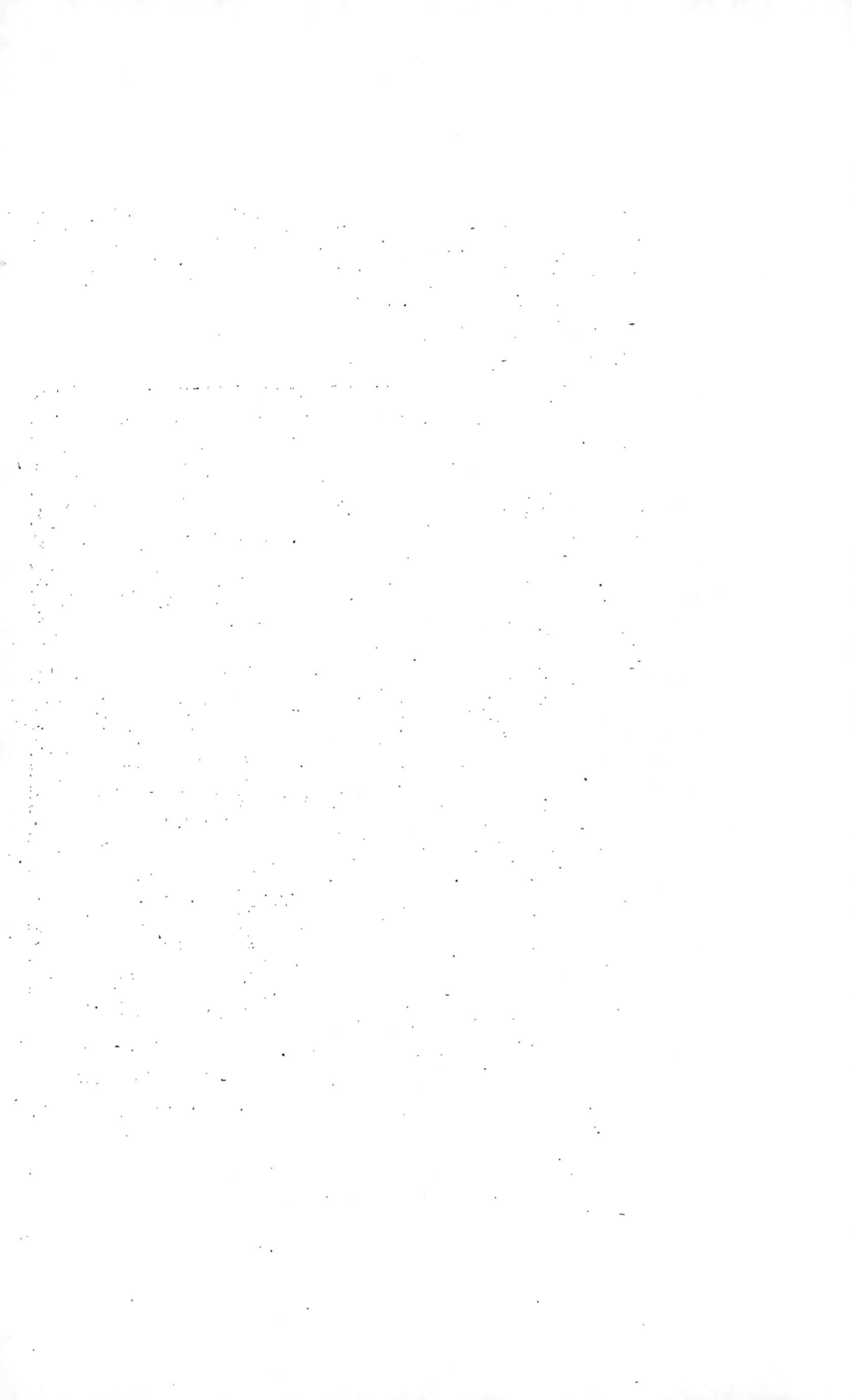

Doubs, comme une source. A Krain, en Illyrie, les montagnes formées de roches calcaires sont très riches en grottes. Dans ces grottes se rassemblent des masses d'eau considérables qui jaillissent souvent avec violence ; on voit tout à coup des rivières qui sont navigables presqu'à leurs sources. De la grotte de Guacharo (Amérique du Sud), sort un courant dont la largeur est de 30 pieds. Dans les parties les plus profondes de la grotte, à un endroit où le sol s'élève tout à coup, le ruisseau forme une petite cascade. Ces chutes d'eau souterraines donnaient anciennement matière aux interprétations les plus bizarres. Il n'y a pas longtemps encore, que les habitants du voisinage croyaient entendre des tambours et des fifres dans l'intérieur de la terre.

On connaît des grottes d'où s'échappent des gaz méphitiques de diverses natures qui nuisent beaucoup à la respiration et qui peuvent même asphyxier. La grotte des chiens, près de Naples, est un des exemples es plus remarquables d'un dégagement persistant de gaz, d'acide carbonique. Elle est située sur un îlot du lac Agnano, et doit être, selon toute probabilité, l'ouvrage de la main des hommes. En Auvergne, il se trouve également beaucoup de grottes qui renferment du gaz acide carbonique. Les phénomènes si connus de la grotte des chiens s'y répètent, mais les Auvergnats n'ont pas encore eu l'idée d'exploiter la curiosité des voyageurs comme les habitants de Pouzzoles. Cependant ces grottes d'Auvergne ne sont pas sans quelque utilité pour les habitants : elles servent de garde à manger, et on a remarqué que la viande qui commence à tomber en putréfaction, pouvait y être conservée pendant les étés les plus chauds.

On rencontre aussi dans d'autres cavités souterraines des vapeurs chaudes, chargées de soufre, et, dans les cavernes ossifères surtout, la terre qui recouvre le sol depuis des milliers d'années, laisse échapper, à de certains moments de l'année, des mélanges gazeux d'hydrogène et d'azote.

Dans un grand nombre de cavernes on ne sent pas le moindre mouvement de l'air; dans d'autres, au contraire, des courants très violents viennent frapper les visiteurs au visage, et même dans plusieurs d'entre-elles, régnent des vents impétueux. Les grottes d'Éole ou du vent, en Italie, en sont des exemples remarquables ; l'une des plus célèbres se trouve dans les états de l'Église, près de Terni. L'entrée en est fermée par une vieille porte, à travers les fentes de laquelle souffle constamment un vent très fort. Les habitants des maisons de campagne environnantes, ont ingénieusement tiré parti de l'air rafraîchissant qui s'échappe des grottes. On voit sur les murs de tous les appartements, des figurines en plâtre, repré sentant des monstres, dont la bouche béante communique aux grottes par des tuyaux souterrains, ce qui établit des courants d'air très agréables en été. On prétend que certaines cavernes de l'Asie centrale produisent de véritables ouragans. Le vent de la grotte Uybeh, par exemple, est tellement redouté, dit-on, que les caravanes qui s'en approchent atten-

dent qu'il ait cessé pour continuer leur route. Durant
les beaux jours de la superstition, on croyait que le
purgatoire était placé dans la grotte située près d'Ei-
senach, dans la Saxe, parce qu'on entendait constamment à l'entrée des sifflements et des mugissements que l'on prenait pour les cris d'angoisse des
âmes en peine.

A propos de ces cavernes à courants d'air, je crois
devoir mentionner ici un fait intéressant à plusieurs
égards. La ville de Roquefort, dans l'Aveyron, est
généralement connue à cause des excellents fromages
que l'on y fait. La juste renommée de ces fromages
date de très loin, car ils étaient déjà réputés délicieux
chez les gourmets de l'ancienne Rome. Or les fromages de Roquefort doivent le bon goût qu'ils possèdent, bien moins à la qualité du lait et à la manière
dont on les prépare, qu'aux grottes ou caves dans
lesquelles cette préparation est faite. Une basse température règne constamment dans ces grottes qui se
trouvent sur le versant septentrional d'un grand
plateau calcaire. Outre le vent froid qui souffle
presque toujours de la montagne, les roches sont
couvertes de crevasses innombrables d'où s'échappe
encore un vent violent et assez froid pour amener un
abaissement sensible de température au thermomètre.

Certaines grottes présentent aussi des effets d'optique très intéressants. Le plus remarquable de tous
ces effets se trouve dans la grotte d'Azur, située dans
le golfe de Naples. Lorsque la mer est tranquille,
on peut y aborder en nageant et même avec un petit

bateau. Au moment de la journée, où la mer est
éclairée dans toute sa profondeur par les rayons du
soleil, on dirait la grotte recouverte d'un dôme de
cristal azuré : ce n'est autre chose que le reflet de
l'eau sur la voûte.

En parlant de la configuration des grottes, on ne
peut s'empêcher de dire un mot des portes et des
arcades de rochers, ainsi que des ponts naturels.

On trouve des ponts faits par la nature dans le
grès ou le calcaire, dans l'Ardèche, en Écosse, à la
Jamaïque, en Virginie et dans la vallée des Cor-
dillières. On passe sur des vallons très étroits, semblables à des crevasses, au moyen d'arcs de rochers
dont plusieurs paraissent, à une grande hauteur,
construits dans le style ionien, malgré leur épaisseur
et le manque de proportions. Quelques-uns de ces
ponts ont jusqu'à 80 pieds de large et sont assez solide
pour que l'on puisse y faire passer des charrettes.
Parmi les scènes pittoresques si nombreuses sur les
côtes de l'Écosse, on considère comme une des plus
belles, celle qu'offre au voyageur le *stack-of-Hem-
priggs*, pont naturel d'une hauteur effrayante.

De Humbolot nous a fait connaître le beau pont
d'Icononzo, qu'il décrit à peu près en ces termes :
« La vallée d'Icononzo ou de Pandi se fait remarquer,
non pas tant par son étendue que par la forme extraordinaire des roches qui l'entourent et que l'on dirait
façonnées par les mains des hommes. Les sommets
dépouillés des hauteurs forment un contraste frap-
pant avec la végétation du fond de la vallée. Le tor-

rent qui la parcourt enfermé dans un lit étroit,
presque inaccessible, n'aurait jamais pu être traversé
qu'avec de grandes difficultés, si la nature n'y avait
pas placé deux ponts de rochers. Le gouffre à travers
lequel le torrent se fraye un passage, occupe le milieu de la vallée; il s'élargit de plus de 12,000 pieds
tout près du pont.

L'arcade supérieure est située à 294 pieds au-
dessus du niveau du ruisseau. A 60 pieds au-dessous
de ce pont supérieur s'en trouve un second ; il est
formé de trois blocs énormes qui sont tombés de telle
manière qu'ils se soutiennent naturellement. Le torrent paraît couler dans une caverne obscure. Le
bruit lugubre que l'on entend, est dû à une infinité
d'oiseaux nocturnes qui habitent la crevasse et que
l'on est tenté de prendre d'abord pour des chauves-
souris gigantesques, si communes dans les régions
équinoxiales. »

M. le baron Gros a consacré dix-sept jours à
l'examen de ces ponts extraordinaires et du gouffre
qu'ils cachent ; il s'est fait descendre avec des cordes
où jamais créature humaine n'était arrivée, et est
ainsi parvenu jusque dans les nids de ces singuliers
oiseaux qui ont la grosseur d'un pigeon, et se nourrissent de graines aromatiques. Ils habitent les cavernes où l'eau abonde ; les ailes et la queue sont
d'un volume considérable par rapport au corps, aussi
le vol de ces oiseaux est-il facile, rapide et presque
constant, tandis qu'il marche, ou mieux rampe avec la
plus grande difficulté. L'oiseau d'Icononzo est le

même que celui des cavernes de l'Orénoque, c'est le
célèbre *guacharo*, dont nous parlerons un peu plus
loin, qui peuple les grottes de Caripe, auprès de
Cumana.

Lorsqu'on entreprend de visiter les grottes, on ne
doit pas faire attention aux fatigues qui accompa-
gnent ces excursions, mais il faut avoir soin de prendre avec soi des guides sur lesquels on puisse comp-
ter.

Il est très facile de s'égarer dans ces labyrinthes
de salles et de corridors, qui vont se perdre souvent
à plusieurs lieues dans l'intérieur de la montagne;
on est souvent forcé de franchir des ponts naturels
formés par des stalactites ou des roches éboulées, ou
bien encore, suivre des sentiers étroits le long d'a-
bîmes immenses. Il faut donc n'avancer qu'avec les
plus grandes précautions, et alors on est sûr de ne
courir aucun danger.

Les corridors ne sont pas toujours d'une hauteur
de soixante pieds comme dans la grande grotte du Kentucky; bien au contraire, ces passages sont assez souvent tellement bas qu'on est obligé d'avancer e-
se traînant sur les genoux et, quelquefois à plat
ventre.

Dans certaines grottes de l'Angleterre, les visiteurs
sont forcés de s'embarquer sur de petits bateaux et
de naviguer sur des rivières souterraines, et dans les
endroits ou la voûte en s'abaissant graduellement n'est
plus élevée souvent que de deux pieds au-dessus de
l'eau, il faut s'étendre de tout son long dans ces pe-

tites embarcations, comme si on était dans un cercueil.
Dans quelques unes de ces grottes, ce sont de vieilles
femmes qui servent de guides, et lorsqu'elles traversent ces vastes cavités souterraines, en agitant leurs
torches enflammées, on pourrait facilement croire à
une nouvelle apparition des sorcières de Macbeth.

CHAPITRE XVIII

CAVERNES A OSSEMENTS

C'est au milieu des circonstances les plus diverses que l'on trouve dans les cavernes des ossements d'animaux, entassés pêle-mêle de la manière la plus singulière, ou dispersés çà et là; ces cavernes ont servi de véritables sépultures aux os d'ours et d'hyènes en particulier, et on a recomposé des squelettes entiers de ces deux espèces d'animaux, en réunissant avec soin leurs ossements disséminés. Dans certaines grottes ces restes d'un monde primitif se trouvent en très grande quantité; souvent, ils sont dispersés et brisés par les ouvriers ignorants qui ouvrent ces cavités souterraines.

Mais, avant d'aller plus loin, il est bon de jeter un regard sur les animaux qui, de nos jours encore, vivent dans les cavernes.

Un grand nombre de grottes ont été habitées autrefois par des animaux féroces, surtout par des ours et des hyènes et, plus rarement, par des tigres ou des lions. On sait que les hyènes vivent encore en Afri-

que, dans l'Asie méridionale et dans quelques autres-
contrées. Des voyageurs modernes nous ont commu-
niqué des faits intéressants sur la nature des cavernes
où ces animaux se retirent. Des ossements épars gisent à l'entrée et, dans l'intérieur, on a trouvé des
amas d'os de chameaux, de buffles, de cochons, de
brebis et de chiens et, même, le squelette d'un bœuf.
On a vu dans d'autres cavernes des têtes et divers
restes de rats, d'écureuils, de chauves-souris et d'oiseaux. Tout cela prouve que les hyènes dévorent leur
proie dans les repaires où elles habitent, lorsque ces
derniers ont des entrées dont la petitesse ne s'y op-
pose pas.

Les hyènes déterrent les cadavres et les empor-
tent dans les cavernes. Voilà pourquoi les habitants
do certaines provinces de l'empire Turc ont l'habitude de placer de grandes pierres sur les fosses récemment creusées pour les préserver des hyènes.
Ces animaux, dont la nourriture de prédilection est
la chair corrompue, débarrassent les plaines des squelettes que les vautours ne rongent qu'en partie,

Parmi les animaux qui séjournent dans les cavernes, on comprend en outre les *guacharos*, comme
nous l'avons dit précédemment. Des milliers de ces
oiseaux de nuit vivent dans les grottes de la vallée
de Caripe, qui porte leur nom. La graisse des guacharos est si pure qu'on peut la conserver pendant
plus d'un an ; Dans les Missions elle est employée
pour la préparation des mets et pour l'éclairage, de
là ce nom de *mines de graisse* que les habitants don-

Fig. 20. — Grotte de la Balme (France).

nent aussi à ces cavernes. Cette graisse, qui s'écoule
à travers la peau quand on presse un de ces oiseaux,
se trouve à l'intérieur du corps à l'état liquide; elle
a le goût du saindoux et l'aspect de l'huile d'amandes.

Dans certaines grottes du Mexique et de l'Inde,
ainsi que dans la grande grotte du Kentucky, vivent
des chauves-souris en quantité considérable. Il en
est de même dans la grotte de La Balme en Dauphiné,
où ces animaux se réunissent en nombre vraiment extraordinaire, surtout à certaines places qui paraissent
être leur séjour favori.

Le Protée anguillard (*proteus anguineus*) est un
être singulier qui habite dans les recoins les plus
obscurs de la grotte d'Adelsberg, dans le Krain en
Illyrie. Cette grotte d'Adelsberg, ainsi appelée du
nom d'une chapelle voisine, acquiert une certaine
importance par la présence du protée. Cet animal,
connu seulement depuis un siècle, est long d'un pied
et de la grosseur du doigt. Au premier abord, il a
l'aspect d'un lézard et les mouvements d'un poisson
mince et agile. La lumière ne lui est pas nécessaire,
car il reste constamment dans l'obscurité, ce qui lui
donne une couleur blanche, de là le nom de poisson
blanc par lequel les habitants du pays le désignent.
Exposés au soleil les protées se meuvent avec viva-
cité, deviennent peu à peu plus foncés, et enfin d'un
vert olive.

Arrivons maintenant aux restes d'animaux qui se
trouvent dans les cavernes; ce phénomène est un des
plus intéressants et des plus importants que les ca-

vités souterraines recèlent dans leur sein. Peu d'années se sont écoulées depuis qu'on s'est livré sur ces
faits à des recherches exactes qui ont jeté un nouveau
jour sur cette période terrestre, restée auparavant
dans l'obscurité.

Avant cela, bien des gens avaient parcouru ces
cavernes sans soupçonner qu'elles renfermaient des
ossements. Un grand nombre de grottes qui forment maintenant une richesse inépuisable de ce
genre, étaient visitées depuis un temps immémorial,
sans qu'on eût jamais aperçu la moindre trace de pa-
reils restes.

La caverne de Kiokdale fournit des restes d'hyènes, de tigres, d'ours, de loups, de renards, de be-
lettes, d'éléphants, de rhinocéros, d'hippopotames,
de chevaux, de bœufs, de cerfs, de lièvres, de lapins,
de rats d'eau, de souris, de corbeaux, de pigeons,
d'alouettes, de canards, ainsi que des parties d'un oiseau qui se rapproche de la grive.

Celle de Lunel, près Montpellier, a donné trente-
trois espèces de mammifères ; parmi les restes d'animaux carnassiers, ceux des hyènes y sont les plus
abondants ; on rencontre souvent des os de chats, de
chiens et d'ours ; plus rarement encore ceux de rhinocéros, de cochons, de castors, de lièvres, de souris,
mais il s'y présente une grande quantité de restes de
cerfs, de bœufs et de chevaux.

A Yealmbridge, au sud-est de Porstmouth, dans
une caverne examinée avec soin, on a recueilli une
grande quantité de restes des animaux ci-dessus men-

tionnés, plus quelques-uns d'éléphants, et ceux d'un oiseau extraordinairement grand.

Dans une grotte de la Virginie, on a trouvé des restes de *mégalonyx*, espèce de paresseux, et des restes de chauves-souris dans une caverne de la province de Liège.

D'après les restes d'ours contenus dans les cavernes, on est arrivé à distinguer trois espèces étrangères à celles qui vivent de nos jours. La plus importante est l'ours des cavernes. La grande grotte de Sundwig en Wesphalie, et certaines grottes de la Hongrie, de la Transylvanie et de la France, ont livré à l'examen des savants de grandes quantités de débris de ces animaux.

L'ours des cavernes se faisait remarquer par un front arrondi; sa grosseur dépassait celle de l'ours actuel et paraît s'être rapproché de celle du cheval. Les ours de notre époque se nourrissent à la fois de végétaux et de chair, tandis que l'ours des cavernes semble avoir été d'après le caractère des restes fossiles, aussi féroce que les loups et les tigres.

Les hyènes anciennes étaient également différentes de celles de nos jours; les têtes des espèces perdues sont plus grosses d'un cinquième que celles des hyènes actuelles. Ces ossements sont, pour la plupart, gisants dans une terre grasse où une argile rouge. Ils ne sont pas pétrifiés, ils sont plutôt dans le même état que les os gisant dans les tombeaux : leur décomposition plus ou moins avancée s'explique parce qu'ils ont été enveloppés à différentes époques par

la terre grasse. Les dents de toute espèce se présentent surtout en très grande abondance ; leur dureté
en favorise la conservation, et de plus, elles ne peuvent, en aucune manière être dévorées par les animaux féroces.

Les Katabathra, sur l'île de Thermia, dans l'Archipel grec, fournissent des faits également très intéressants. Ces Katabathra sont des espèces de gouffres
dans lesquels les eaux se perdent pour reparaître
beaucoup plus loin et forment quelquefois des rivières. Plusieurs d'entre eux se composent des cavités
plus ou moins grandes, réunies entre elles par des
passages étroits ; ils renferment un limon récent rempli de restes d'animaux et végétaux du voisinage,
quelquefois même des ossements humains ; car ceux-
ci, depuis les guerres du commencement du siècle,
ont été longtemps épars sur toute la surface de ce
malheureux pays.

Mais comment, ces ossements sont-ils arrivés
dans les grottes ?

Ici deux opinions sont an présence. Les uns sont
persuadés que les cavernes ont été habitées principalement par des animaux féroces ; que ceux-ci y portaient leur butin et y sont morts plus tard eux-mêmes.
Les autres croient que les ossements emportés par
des crues d'eaux torrentielles, ont été déposés dans
les cavernes en même temps que le limon et les galets.

Ces deux opinions sont toutes deux vraisembla-
bles, et peuvent-être vraies toutes deux selon les cas..

Mais le cadre de ce petit ouvrage ne nous permet pas
de les discuter ici.

Lorsqu'on réfléchit à la diversité des circonstances qui peuvent avoir obligé les hommes à faire un
séjour plus ou moins long dans les grottes, on n'a
pas lieu d'être surpris que l'on ait trouvé des ossements humains dans les cavernes, bien que ce fait
ait été mis longtemps en doute.

Dans certaines cavernes de différentes parties de
la France et de la province de Liège, se présentent
des ossements humains avec des restes d'animaux
dont les types ont disparu de la surface de la terre.
Il n'est pas rare de trouver avec ces restes humains
et d'animaux, divers produits de la main des hommes, des morceaux de vieilles armes, de poteries et
d'urnes funéraires, des bracelets de cuivre fondus et
gravés, et autres objets; des dents de chiens et de
renards percées, sans doute, pour être portées en
guise d'amulette.

Les ossements humains ne sont pas de la même
époque que les restes d'animaux avec lesquels ils se
trouvent mêlés; cette réunion de restes si différents
est purement accidentelle. Des hommes ayant habité
des grottes ont pu y périr d'une manière quelconque
à sa suite de combats singuliers ou de grandes ba-
tailles; il est possible encore que ces cavernes aient
été des lieux de sépulture.

Dans une caverne découverte près d'Anduze
(Gard) on a déterré un squelette humain gisant sur
une couche de limon; une lampe et de petites figures

de terre cuite, provenant visiblement du temps des
Romains étaient enfermés dans le même endroit. En
Allemagne on a trouvé aussi, surtout dans la grotte de
Charles, près d'Erpsingen, des squelettes humains de
tout âge et de tout sexe, mêlés d'os de chiens, de
vaches, de lièvres, de rats, de putois, etc., et, de plus
des fragments d'anneaux, de vases, d'armes, et un
peigne en ivoire, qui paraissait être également du
temps des Romains.

Tout récemment, à deux kilomètres de Durfort,
petit village de l'arrondissement de Vigan (Gard), on
vient de fouiller une excavation fort remarquable
qu'on appelait la *grotte des morts,* et que l'on disait
contenir des ossements de camisards. Souvent les
ouvriers mineurs de la contrée l'avait visitée, et
un vieillard de quatre-vingts ans, qui vit encore,
raconte qu'étant enfant, il pénétrait quelquefois dans
cette caverne; à l'aide d'une corde, il descendait jusqu'au fond et en rapportait des ossements pour les
curieux ; il prenait à un tas considérable tantôt un
crâne, tantôt un fémur ou un humérus.

La grotte était remplie d'ossements jusqu'à la hauteur d'un mètre au moins. On y a trouvé sept ou huit
perles longues, une trentaine de couteaux en silex,
un sifflet en os, une petite pierre pour aiguiser ou
polir les couteaux, une côte ou une clavicule dans
laquelle se trouvait encore fichée une lame en bronze
qui devait avoir produit la mort. A ces objets se joi-
gnaient quelques fragments de poterie, deux ou trois
crânes complets fort allongés dont les mâchoires

étaient très avancées; enfin 60 silex taillés qui se rattachaient à deux catégories différentes. Il y a des
armes et des outils; les uns et les autres appartien-
draient, par leur mode de taille, aux types des silex
de l'âge de la pierre polie.

La grotte sépulcrale de Durfort appartient à l'é-
poque de transition entre cet âge et l'âge de bronze.
Elle est contemporaine de la grotte de Saint-Jean
d'Alcas, dans l'Aveyron, de l'époque des dernières
constructions mégalithiques. C'est la sépulture d'une
petite tribu, peut-être même d'une seule famille.

La petite tribu qui ensevelissait ses morts dans
cette grotte appartenait, comme celle de Saint-Jean
d'Alcas à l'une de ces races métisses qui se formaient
par l'arrivée des premières hordes d'envahisseurs,
chez les vieilles populations ligures ou ibériennes de
la gaule méridionale. Elle habitait sans doute les
bords du ruisseau de Vassorgues ou les bois de la
montagne de la Coste. On retrouvera probablement
l'emplacement de son habitation.

Les hommes se livraient à la chasse; à leur cou,
ils portaient, suspendus comme des trophées, les
dents des loups, des renards, des chevreuils tués à
la chasse. Sans doute ils se couvraient de peaux de
bêtes, mais ils connaissaient déjà, pour les fixer, l'u-
sage des boutons; il peut se faire que les femmes
sussent filer la laine. La petite tribu faisait appel,
pour se parer, à toutes les ressources que lui offrait
le pays.

Elle travaillait l'albâtre, les stalactites, remarqua-

bles par leur blancheur éblouissante, le spath calcaire
aux reflets jaunâtres, la galène brillante; en outre,
elle faisait des échanges commerciaux avec les tribus
voisines, qui lui fournissaient des perles de cuivre
rouge, de serpentine et de marbre, et elle faisait con-
tribuer les Alpes elle mêmes à sa parure.

CHAPITRE XIX

LES PÉTRIFICATIONS

Les pierres bouffonnes de Behringer. — Le griffon géant. — Les
os de Teutobochus. — Les anges rebelles de Luccone. — Géants
siciliens. — La salamandre gigantesque. — Les pieds de chèvres.
— Les grands animaux d'autrefois.

Depuis les temps les plus reculés on s'est occupé
de certains corps organiques pétrifiés dont l'origine
était considérée sous son véritable point de vue. Les
plus anciens philosophes, historiens et poëtes de la
grèce, pensaient que l'Egypte avait été autrefois un
golfe d'après les restes de testacées enfouies dans les
montagnes de ce pays, et les amas de coquilles
situées assez loin des côtes.

Bien qu'il soit simple et naturel de regarder
comme des êtres ayant vécu autrefois, les figures
semblables à des plantes ou des animaux, cependant
on s'est abandonné plus tard à des hypothèses extraordinaires et absurdes. Ainsi on se figurait que c'é-
taient des jeux de la nature, des produits d'une imi-
tation relative aux formes extérieures seulement. Ces

opinions ne sont pas moins ridicules que celles qui
qualifiaient les pyramides égyptiennes de cristaux
de terre, et les hiéroglyphes ou sculptures des obélisques de travaux de pholades (dattes de mer). L'idée
émise par un philosophe français est dans le même
genre ; il pensait que toutes les créatures vivantes
venaient originairement de l'eau qui couvrait autrefois la surface de la terre ; ainsi l'homme aurait commencé par être poisson et se serait peu à peu transformé en bipède ; les syrènes, nymphes marines
fabulaires, se seraient trouvées dans un degré inter-
médiaire de transformation, et auraient pu espérer
d'arriver plus tard à la perfection. Qui ne connait pas
les pierres bouffonnes (*possensteine*) de Behringer ?
plaisanterie que les étudiants de Wurtzbourg se per-
mirent à l'égard du médecin ordinaire de l'évêque,
qui s'occupait avec ardeur de la recherche des jeux
de la nature.

Des figures d'argile représentant des animaux
quelconques étaient cachées dans les cavités et les
crevasses d'une montagne voisine et chaque jour
l'heureux Behringer faisait de nouvelles découvertes dont il fit la description dans un ouvrage accompagné de nombreux dessins. Dans le cours de
notre siècle encore, on a essayé, mais en vain, de
faire revivre de pareilles hypothèses.

Cependant ces opinions erronées ne furent pas les
seules qui, furent produites sur l'origine des pétrifications. L'ignorance que l'on avait de l'anatomie occasionna une comparaison mal entendue entre les

caractères essentiels de l'organisation des êtres vivants et ceux des pétrifications.

Il y eut une époque où l'on prétendit reconnaître
des portraits de Martin Luther, ou de papes couronnés dans des restes de poissons comprimés, re-
courbés, ou autres figures qui se trouvaient dans les
schistes de Mansfeld. La superstition exerça aussi

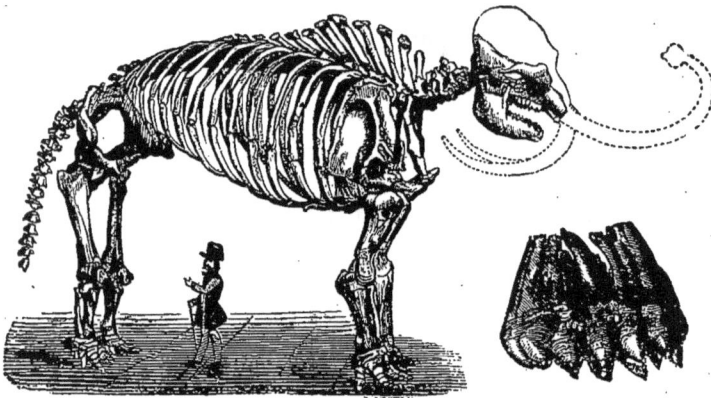

Fig. 21. -- Mammouth.

son influence, et l'on attribua une puissance particulière à certaines pétrifications qu'on portait au
cou, en guise d'amulettes ou de préservatifs contre
les méchants ou les maladies. Pline raconte que
l'on regardait comme des pierres précieuses très
saintes, des cornes d'Ammon minéralisées, et aujourd'hui encore elles passent pour telles chez les
Hindous. Bien des fables ont été faites en Allemagne,
sur les deniers des paysans ou monnaies du diable

12

(*teufelsgelde*), qui sont des nummulites minéralisées.
Dans certaines parties de l'Espagne, quelques personnes portaient encore dans leurs poches, en 1835,
des mollusques, du genre térébratule, pour se ga-
rantir du choléra.

L'attention des peuples, fut de bonne heure
éveillée par les restes d'animaux gigantesques, beaucoup plus grands que tous ceux de notre époque.
Ce furent surtout les dents et les os des éléphants
anciens, des mammouths, et les cornes de rhinocéros
qui donnèrent lieu à diverses recherches.

Il n'entre pas dans notre cadre de passer en revue
tout ce qui a été écrit sur les pétrifications ; mais
quelques-unes ont fait assez de bruit et ont donné
matière à des interprétations si bizarres, qu'il nous
semble intéressant d'en dire quelques mots.

Certains peuples de la Sibérie croient encore à
l'existence du Griffon géant, énorme oiseau auquel
ils attribuaient tantôt la figure d'un dragon, tantôt
celle d'un basilic. Selon eux, ce monstre fabuleux
aurait poursuivi la race humaine et dévoré toutes
les familles. Les Yukagires croient même fermement
que leurs ancêtres avaient vu cet animal et avaient
combattu contre lui. Ils racontent que le griffon
s'enferra sur une lance fichée en terre, au moment
où il fondait sur un homme.

Les restes de ce prétendu griffon, sont tout bon-
nement ceux du rhinocéros septentrional. Le crâne
avait été pris pour la tête de l'oiseau ; les cornes
comprimées pour des griffes, et les autres os du

mammifère colossal pour les tuyaux de plume du griffon.

Au commencement du xviiᵉ siècle, on découvrit dans un terrain sablonneux du Rhône, non loin de l'embouchure de l'Isère, des ossements gigantesques qui donnèrent matière à des poésies charmantes. Un barbier inventa une fable : il prétendit que c'étaient les restes de Teutobochus, géant de trente pieds, premier roi des Allemands. On disait les avoir trouvés

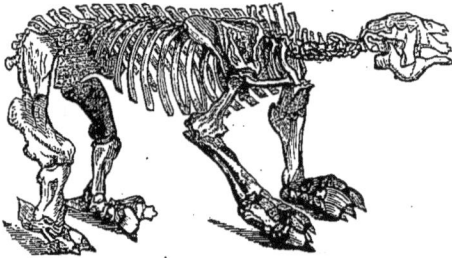

Fig. 22. — Mégathérium.

dans un tombeau avec une inscription et des monnaies anciennes, les os furent montrés pour de l'argent à Paris et ailleurs. Plus tard ils furent enfermés dans une caisse à Bordeaux où ils restèrent pendant deux siècles. Ce ne fut que lorsqu'on démolit dans cette ville la salle Molière que l'on retrouva ces ossements royaux qui, portés au Muséum d'histoire naturelle de Paris, furent reconnus pour des restes de mastodonte.

En 1577, on déterra près de Lucerne des os de mammouths que le Conseil de la ville, d'après l'opinion d'un professeur de Bâle, prit pour des restes des anges rebelles que Dieu, dans sa colère, précipita du haut des cieux. Ces restes furent rassemblés avec soin et enterrés convenablement.

Du haut des cimes neigeuses de la chaîne de l'Himmalaya, les avalanches entraînent souvent des os de cerfs et de chevaux, recouverts de tuf calcaire, et que les indigènes prennent pour des ossements de génies tombés des nuages.

En Sicile, on a découvert, il y a longues années, près de la grotte de Mardolce, une grande quantité d'os d'animaux inconnus que les anciens savants de l'île, déclarèrent être les restes de géants qui vécurent autrefois dans l'île. Plus tard, des spéculateurs anglais crûrent pouvoir employer pour raffiner le sucre, ces ossements fossiles que Cuvier avait reconnu pour être des restes d'hippopotames ; de sorte qu'ils chargèrent un navire entier avec les os des géants siciliens.

C'était en vain qu'on avait cherché des restes humains fossiles dans toutes les grottes et les différents bancs de roches. Aussi accueillit-on avec un enthousiasme fanatique, la découverte de la plus rare de toutes les reliques, d'un squelette humain dans le calcaire de Œningen. Scheuchzer, naturaliste de Zurich, fit, en 1826, la description du squelette inconnu comme étant celui d'un homme qui aurait été témoin du déluge. Cuvier, à l'inspection des dents et des pattes, reconnut une espèce de salamandre qui n'existe plus vivante, la salamandre gigantesque.

Une tradition populaire en Hongrie dit que le roi Ladislas, chassé et fugitif, réclama l'assistance d'un riche berger qui refusa de le secourir, prenant Dieu à témoin qu'il n'avait pas d'argent, mais que bientôt après le parjure, saisi de désespoir et de frénésie, se précipita dans un lac avec tout son troupeau; c'est ainsi que l'on expliquait les prétendus pieds de chèvre pétrifiés, que ce lac vomit continuellement. Des naturalistes de Vienne les reconnurent pour des pointes d'une espèce de coquille perdue.

On trouve une quantité innombrable de testacés pétrifiés. Certaines roches très étendues sont quelquefois tellement remplies de pareilles pétrifications, que ces dernières forment la masse principale de la roche. On y trouve en même temps des restes de coquilles anciennes très remarquables. Pour ne pas passer sous silence une des opinions les plus singulières qui aient été émises sur l'origine de ces testacés fossiles, je vous dirai que Voltaire persista toujours à croire que les coquilles d'huître que l'on trouve sur les montagnes du Jura, avaient été laissées, soit par des pèlerins, soit par les Romains connus pour de grands mangeurs d'huîtres.

Les Zoophytes, ces êtres qui semblent former le passage entre le règne végétal et le règne animal passent à l'état de pétrification comme les coquilles : leurs formes délicates sont parfaitement conservées.

Les poissons fossiles ne sont également pas rares. Les dents de poissons pétrifiés donnèrent naissance aux fables les plus singulières. A Krain, on les

appelait les griffes du diable. D'après la tradition
l'esprit du mal s'était déchiré les griffes dans les
excavations et les crevasses de la montagne. A
Malte, où l'on trouve un très grand nombre de ces
dents, on prétendait que c'était saint Paul qui avait
pétrifié les yeux et la langue des serpents. D'autres
prennent les dents de poisson pour des châtaignes
pétrifiées, ou bien pour des dents de sorcières. On leur
attribuait une certaine propriété contre différentes
maladies.

Une des plus belles découvertes des temps modernes est celle des infusoires à l'état fossile et assez
bien conservés. Ces êtres d'une extrême petitesse,
qui semblent terminer le règne animal, ne sont pas
visibles à l'œil nu. Ils composent presque à eux seuls,
la masse de certaines roches qui ne sont qu'un
amas d'ossements ou de carcasses d'infusoires, pres-
sées les unes contre les autres sans aucun ciment.
C'est ainsi qu'est formé ce que nous appelons le
Tripoli.

Parmi les restes des reptiles, il y en a beaucoup
qui appartiennent à des espèces perdues. Ils s'écar-
tent de tous les êtres actuels de ce genre, et ont des
formes merveilleuses qui rappellent les créations
fantastiques de la fable.

Les restes d'oiseaux et d'insectes sont très rares.
Cela s'explique par la facilité de déplacement que
possédaient les premiers, ce qui leur permettait
d'échapper aux catastrophes qui ont transformé
l'écorce terrestre, et par le peu de résistance que

pouvaient offrir les seconds aux différentes forces
naturelles mises en action.

Parmi les restes de mammifères, on remarque
ceux de baleines, de dauphins, d'éléphants, de rhinocéros, d'hippopotames, de mammouths, etc.

Dans la famille des pachydermes, il faut surtout
mentionner le Dinothérium, trouvé à Eppelsheim
près de Worms. C'est un des plus singuliers animaux qui aient existé.

Dans les ruminants on compte le cerf à bois gigantesque, espèce perdue qui, cependant n'a dû dis-
paraître que fort tard, puisque ses restes sont quelquefois mêlés à des débris de barques grossièrement
construites. On a des ramures de l'Élan gigantesque
dont les extrémités supérieures ont des écartements
de 12 et 14 pieds.

Les restes de bœufs sont très nombreux, ils
diffèrent peu de ceux des espèces actuelles.

Mentionnons encore pour terminer, deux individus gigantesques de la classe des paresseux : le
mégathérium et le mégalonyx. Le premier de ces
animaux, le paresseux gigantesque, était armé d'une
espèce de cuirasse, et sa grosseur était à peu près
celle du rhinocéros. On l'a rencontré dans les terrains d'alluvions au Brésil, au Paraguay et à Buenos-
Ayres. Dans ce dernier pays le hasard avait déjà
conduit, il y a assez longtemps, à la découverte d'un
squelette presque complet de mégatherium. Un
campagnard qui cheminait sur les bords du Solado,
aperçut au milieu du torrent un objet à demi caché

contre lequel il lança sa pique ; il ramena ainsi à lui
l'os d'un animal extraordinaire. Alors on détourna
le cours du Solado au moyen d'une digue et l'on
trouva dans une couche d'argile bleue des os, des
dents et des griffes qui furent transportés au musée
royal de Madrid. Un squelette de mégalonyx, fut
déterré dans une excavation en Virginie. Ce fut le
héros des États-Unis, Washington, qui attira le
premier l'attention des naturalistes sur ces restes
remarquables.

CHAPITRE X

On désigne généralement sous le nom de volcan
(de Vulcanus, dieu du feu), tout gouffre qui s'ouvre à
la surface de la terre et d'où sortent, à des intervalles
variables, des tourbillons de feu et de fumée, des
cendres, des laves et autres matières embrasées ou
liquéfiées. La forme ordinaire d'une montagne volcanique, est celle d'un cône qui s'élève en forme de
pain de sucre tronqué au-dessus d'un système de
montagnes ou au-dessus d'autres petits cônes volcaniques qui entourent la masse principale. L'ouverture
plus ou moins large, en forme d'entonnoir ou de
coupe, située au sommet du cône, se nomme, comme
vous le savez, le cratère du volcan.

Tous les volcans ne vomissent pas des matières
embrasées : quelques-uns lancent des jets d'eau

chaude, d'autres de la boue, du soufre, de l'air, ou des
gaz inflammables, on les nomme geysers, salses, solfatares, etc.

Il y a également des volcans sous-marins dont
l'existence donne lieu à plusieurs phénomènes,
comme le bouillonnement des eaux de la mer, l'apparition momentanée de certains îlots.

En Auvergne, en Bohème, en Islande, il y a beaucoup de volcans éteints dont les cratères sont complètement fermés.

La formation des volcans ainsi que les tremblements de terre s'expliquent aujourd'hui par l'action
de la chaleur centrale. L'écorce de notre globe, iné-
gale en épaisseur et sujette par suite à des mouvements d'ondulation qui constituent les tremblements
de terre, presse sur la masse en fusion qui remplit
le centre de la terre, et elle fait ainsi jaillir ou suinter,
par des fissures qu'offre sa surface, une partie de la
masse interne sous forme de laves, de gaz, d'eau
bouillante, etc.

Un volcan n'est donc autre chose qu'une fissure
qui met en communication l'intérieur de notre globe
avec l'extérieur : c'est un soupirail, un évent par
lequel s'échappe, pour ainsi dire, le trop plein d'une
force qui, sans cela, pourrait bouleverser la croûte solide terrestre, car alors elle opérerait avec une puissance incalculable sur la face interne de cette croûte.
Les volcans eux-mêmes ont été produits originairement par cette force, puis une fois formés, ils ont
rempli à son égard la fonction qu'une soupape de

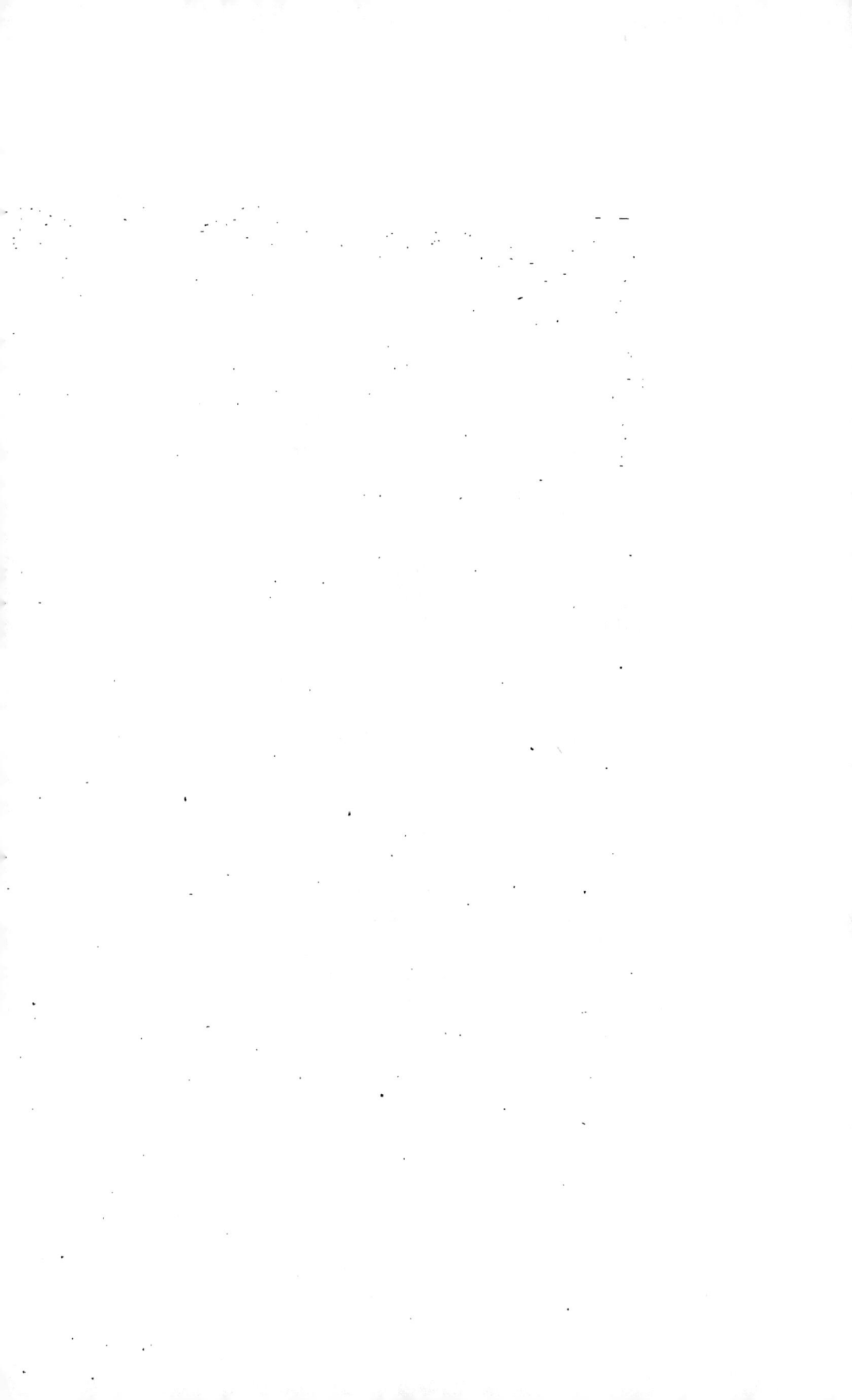

sûreté remplit à l'égard de la force expansive de la
vapeur d'eau dans la chaudière d'une machine à
vapeur. On ne saurait en douter quand on considère
la connexité qui existe entre les tremblements de
terre et les phénomènes volcaniques : les premiers
cessent aussitôt que les volcans, qui se trouvent dans
la région siège des convulsions du sol, entrent en
éruption.

Dans le plus grand nombre des cas, le cône volcanique est formé par le soulèvement des roches qui
composent le sol où il a surgi.

Parmi les exemples de soulèvements volcaniques
contemporains, je puis vous citer le Jorullo, au
Mexique, et le Monte-Nuovo, en Italie.

Jusqu'à la première moitié de l'année 1759, le lieu
où s'élève actuellement le Jorullo, était une plaine
couverte de plantations de sucre et d'indigo, et traversée par deux ruisseaux. Au mois de juin, il se
produisit un bruit souterrain accompagné de secousses
du sol qui durèrent 50 à 60 jours. Au mois de septembre le calme sembla se rétablir ; mais dans la
nuit du 28 au 29, les bruits souterrains reprirent
avec plus d'intensité, et le terrain se souleva. Aujour-
d'hui cette surface est couverte par des milliers de
petits cônes fumants que les habitants appellent *hor-
nitos* (fours), et au milieu de ces cônes, six grandes
buttes de 100 à 490 mètres. La plus haute est le
Jorullo.

Le Monte-Nuovo, au fond de la baie de Baïa, sur
la côte de Naples, s'est produit de la même manière.

Suivant un témoin oculaire, Francesco del Nero, le 28 septembre 1538, le fond de la mer près de Pouzzoles, fut mis tout à coup à sec sur une étendue d'environ 1,800 mètres, et les habitants en profitèrent pour enlever dans des charrettes le poisson abandonné par les eaux. Le lendemain matin à 8 heures le sol s'affaissa, et l'on vit paraître l'orifice du volcan ; le soir, au contraire, le sol commença à se soulever. Toute la contrée autour fut couverte de cendres et de ponces dans un rayon de 120 kilomètres, et le cône atteignit 134 mètres de hauteur.

Les volcans sous-marins forment des îlots qui très souvent n'ont qu'une existence éphémère, soit que le sommet de la formation nouvelle s'affaisse sur lui-même, soit que l'action des flots attaque et disperse les matériaux encore trop mal agrégés de l'îlot nouveau.

C'est ce qui arriva pour l'île de Nyoc, qui sortit de la mer en 1783, à 65 kilomètres sud-ouest du cap Reikianejs (Islande), lors de la terrible éruption du Skapta-Jœkull ; pour l'île Julia, sur les côtes de Sicile, en 1831.

Il en fut de même pour l'île de Sabrina, dans les Açores. Au mois de juin 1811, les habitants de l'île Saint-Michel furent témoins d'une éruption sous-marine, dans laquelle d'immenses quantités de matières furent lancées du sein des eaux, tandis que des colonnes de cendres noires s'élevaient à la hauteur de 220 à 250 mètres ; enfin une île nouvelle, qui pouvait avoir 1,800 mètres de circonférence, surgit à

l'endroit où avait eu lieu l'éruption ; les falaises
avaient environ 400 mètres de hauteur. Ce fut le
13 juin qu'eut lieu cette étrange apparition, et le 17
de ce même mois elle fut observée par le commandant
de la frégate anglaise, la *Sabrina* qui donna son nom
à la terre nouvelle, et en prit possession au nom de
l'Angleterre. D'après son rapport, les éruptions volcaniques ressemblaient au bruit que ferait un mélange de décharges d'artillerie et de mousqueterie, et
étaient accompagnées d'une grande quantité d'éclairs.
Au bout de quelques mois cette nouvelle conquête de
l'insatiable Albion avait disparu sous les flots qui
l'avaient vomie.

D'autres îles, nées de la même manière, ont
continué de subsister, et même le plus souvent ten-
dent journellement à accroître leur développement.
Telles sont les îles qui forment le petit groupe de
Santorin, dans l'Archipel grec, dont les phénomènes
volcaniques se sont renouvelés avec une certaine
intensité dans ces dernières années, et l'île qui s'éleva
en 1796, à 45 kilomètres environ de la pointe d'Una-
laschka, une des îles Aléoutiennes. Le 8 mai de cette
année, on vit, à cet endroit, s'élever une abondante
fumée. La nuit il sortit de la même place des flammes
si intenses, qu'à 18 kilomètres du lieu de l'éruption
on distinguait parfaitement tous les objets. Alors un
tremblement de terre, accompagné d'un bruit effroyable, ébranla le sol, et l'on vit apparaître au-
dessus de la mer un point noir et conique du sommet
duquel des gerbes de feu et des pierres s'élancèrent

avec violence. Cette éruption dura plusieurs mois, et pendant longtemps l'île ne cessa de s'accroître en hauteur et en largeur. Au bout de quatre ans la fumée avait complètement disparu. En 1801 des chasseurs visitèrent cette île ; elle avait alors environ 4 kilomètres et demi de tour, et sa hauteur atteignait 120 mètres. Toutes les eaux étaient à une température élevée, et le sol était si chaud que dans beaucoup d'endroits il était impossible de marcher dessus.

Pendant leurs périodes de tranquillité, la plupart des volcans dégagent simplement quelques vapeurs blanchâtres ou des colonnes de fumée qui se dissipent dans l'air. Mais lorsqu'une éruption se prépare, la scène change et des signes certains annoncent l'approche du phénomène. Les premiers indices sont des bruits souterrains qui se propagent très loin et agitent le sol d'une manière terrible. En même temps la fumée paraît au sommet ; elle s'élève, sa colonne augmente d'épaisseur et prend une teinte plus foncée. Des secousses plus ou moins violentes ébranlent la montagne. Des sables incandescents s'élancent en gerbes et retombent sur les flancs de la montagne. Des pierres rougies sont lancées à des hauteurs immenses. Des nuages de cendres s'échappent aussi des cratères, se mêlent aux vapeurs, et, portés par les vents, voyagent à d'énormes distances, ou bien entraînés par les pluies, ils retombent et forment des torrents de boue, d'une puissance parfois prodigieuse, qui s'étendent au pied du cône sur les flancs duquel ils ont ruisselé. Les déjections de

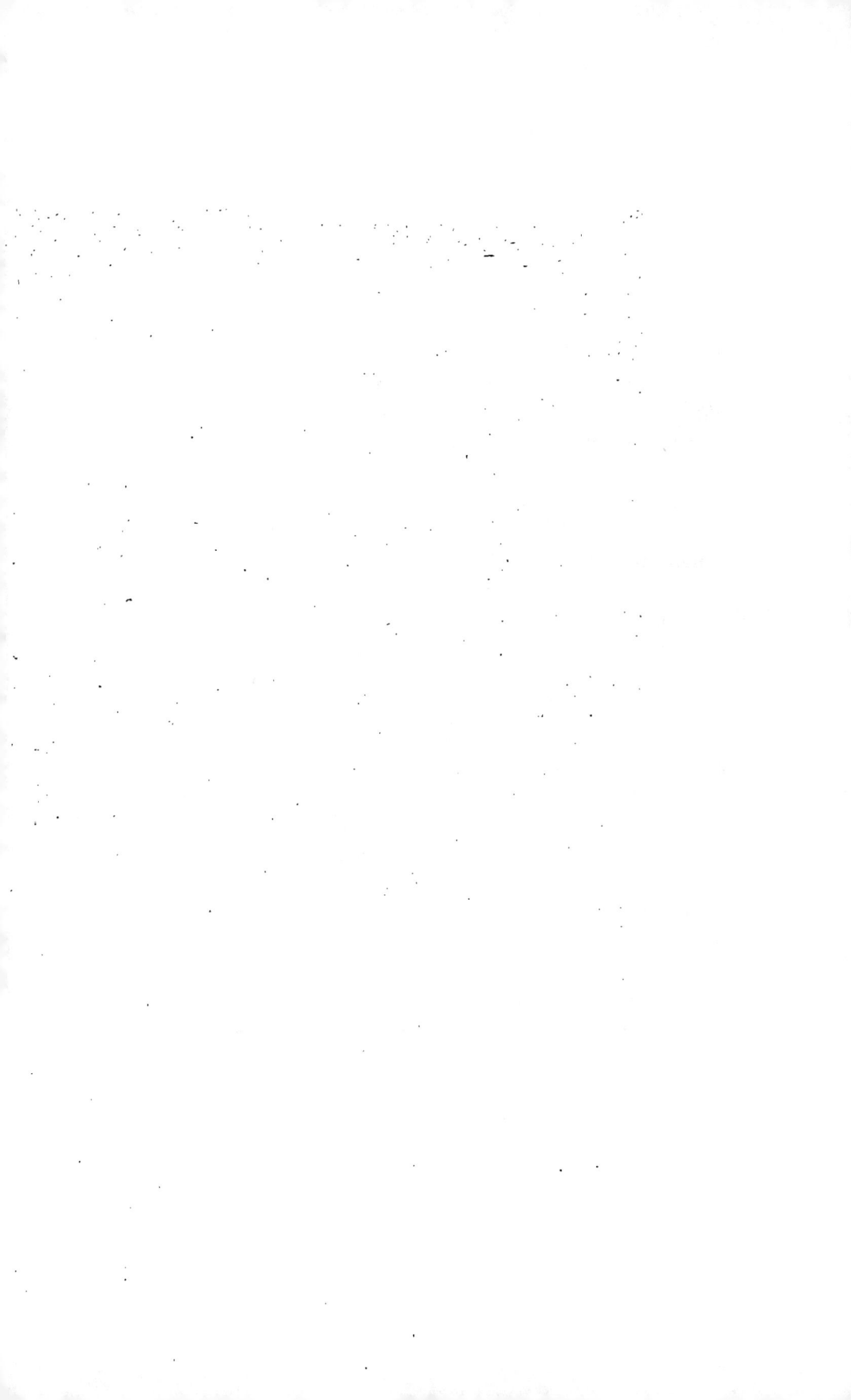

scories continuent, de nouvelles gerbes enflammées
se font jour au milieu de vapeurs noires. La lave
enfin, c'est-à-dire la matière en fusion qui depuis
longtemps bouillonnait dans le cratère, brise le cône
de scories, fend les roches qui la retiennent captive,
et s'échappe comme un fleuve de feu dont les sources
ardentes semblent intarissables. On voit ce courant
grandir, avancer, s'étendre et s'élargir ; on le voit
lutter contre tous les obstacles, surmonter toutes les
irrégularités du sol, enflammer les forêts, envahir
les villages et les champs cultivés, et couvrir de
fertiles campagnes d'une couche pierreuse impéné-
trable à la fois au fer des hommes et aux rayons du
soleil. Enfin tous les phénomènes cessent peu à peu,
et quelques fumerolles s'échappant seules des fissures
du cône, restent pour indiquer qu'une puissante activité sommeille, et que son réveil viendra renouveler
un jour les désastres dont Dieu seul peut connaître
l'étendue et la fin.

Les volcans des Andes de Quito ne lancent presque
jamais de laves : en général leurs éruptions donnent
seulement lieu à d'immenses coulées d'une boue demi-
liquide. Cette boue est tantôt sulfureuse, tantôt et
le plus souvent assez riche en charbon pour que les
habitants du pays, qui la nomment *moya*, l'emploient
en guise de combustible. On en trouve quelquefois
dans les crevasses qui se forment durant les tremblements de terre.

Quelques volcans lancent soit habituellement, soit
accidentellement des torrents d'eau bouillante ; tel

est un volcan du Guatemala, que, pour cette raison, on appelle *volcano de agua.*

Les volcans de l'île de Java vomissent également de l'eau et de la boue avec une immense quantité de produits gazeux acides qui désagrègent les roches avec lesquelles ils sont en contact, et les transforment en une sorte de bouillie. Le 8 octobre 1822 eut lieu l'éruption du Gallung-gung : des mugissements horribles se firent entendre, la montagne se couvrit d'une épaisse fumée, et des torrents d'une eau limoneuse et sulfureuse se précipitèrent de tous les côtés sur ses flancs, en détruisant et emportant tout ce qu'ils rencontraient sur leur passage, de manière qu'on voyait rouler pêle-mêle des cadavres d'hommes, de bestiaux, de cerfs, de tigres, de rhinocéros et autres animaux sauvages.

Les *solfatares* sont des cratères éteints qui laissent dégager par leurs fissures et leurs crevasses des gaz plus ou moins abondants accompagnés de vapeur d'eau.

Les plus célèbres sont celle de Pouzzoles près de Naples, et celle de la Guadeloupe. On trouve toujours dans les environs d'abondants gisements de soufre.

On considère encore comme des solfatares, les lacs qui remplissent les cratères des volcans quand ils dégagent des gaz mélangés à des vapeurs acides ou sulfureuses. Les mots *fumarolle* ou *fumerolle* s'appliquent aux jets de vapeur formant une colonne d'une certaine hauteur, qui s'échappent soit des cratères des volcans, soit des solfatares, soit de toute fissure existant sur un terrain quelconque.

Fig. 25. — Geyser.

Les *salses* ou volcans d'air sont produits par des
dégagements gazeux. Dans les terrains volcaniques
il se dégage généralement beaucoup d'acide carbonique ; c'est ce qui a lieu en Auvergne, dans l'Eifel,
aux environs de Naples, et dans la sinistre vallée de
la Mort, à Java. Le dégagement d'hydrogène sulfuré
facilement reconnaissable à son odeur d'œufs pourris,
tient à la fois à des phénomènes volcaniques et à des
phénomènes chimiques.

Les dégagements d'hydrogène carboné tiennent
plus spécialement à des phénomènes chimiques. Ils
sont fréquents dans les houillères et forment le *gri-
sou* si souvent fatal aux mineurs; dans les puits,
dans les trous de sondage. Dans certaines localités
ce gaz naturel est employé à l'éclairage et au chauffage. C'est ainsi qu'on utilise les *puits de feu* de la
Chine et des États-Unis.

Ces simples dégagements de gaz se compliquent
quelquefois de petites éruptions boueuses qui, dans
certaines circonstances, sont accompagnées de détonations. Il se forme alors autour des trous ou fissures
de dégagement des cônes terreux qui portent le nom
de volcans de boue. Ces volcans sont très commun
dans le Modénais, en Sicile, en Crimée, sur les
bords de la mer Caspienne et dans l'Amérique méridionale.

En Toscane, des jets de vapeur d'une haute température, sortent de terre avec fracas et sont
exploités aujourd'hui pour en retirer l'acide borique
qu'ils entraînent avec eux en assez grande quantité.

Ces jets portent le nom de *soffioni.* Autour des points
où ces phénomènes volcaniques se présentent, le sol
est complètement dénudé, impropre à toute culture
car il offre un degré de chaleur très élevé. Le terrain
est fissuré et l'on voit par moments s'échapper de
ces fentes des fumées plus ou moins visibles, s'arrê-
tant à la surface du sol lorsque le temps est humide.
C'est à ces signes réunis ou isolés que l'on reconnaît
la présence des fumerolles. Sur les points où les vapeurs sont abondantes et sur ceux où elles sont exploitées, la forme des terrains affecte celle d'un
cratère. En outre la roche est modifiée par les dégagements de vapeur et de gaz ; elle se désagrège et tombe
en poussière ; on y retrouve, entre autres subtances,
de l'alun et des cristaux de soufre.

L'acide borique a été découvert en 1777 dans les
soffioni de Monte-Rotondo. Au pied de cette dernière montagne est un lac sulfureux, digne confrère
de l'Arverne. Ses eaux ont une apparence savonneuse,
jaunâtre, et de distance en distance, au bouillonnement qui se produit à sa surface, on devine les soffioni
du fond. Le sol est relevé sur les bords de manière à
imiter un cratère dont le lac serait le fond. Aux
alentours du lac ils forment un effroyable vacarme.
On recherche au moyen de la sonde les fumées souterraines. Quand les ouvriers atteignent un soffioni,
les vapeurs s'échappent brusquement par l'issue qui
leur est ouverte. Amenées à la surface avec grand
fracas, elles projettent à des hauteurs considérables
les pierres et les boues arrachées aux parois du trou

de sonde. Tous ces débris retombent ensuite sur le
sol au grand effroi des sondeurs. C'est en petit l'i-
mage d'une éruption volcanique moins la flamme ou,
si l'on veut, l'incandescence.

L'alun est exploité sur une grande échelle à
Montioni, dans les maremmes de Toscane. Les carrières sont très anciennes; pendant tout le moyen
âge elles ont été activement fouillées. Les alunières
de Montioni, délaissées pendant un certain temps,
furent reprises par la princesse Elisa Bacciochi, un
moment grande duchesse de Toscane, sous Napoléon.
Elles sont très curieuses à visiter : le sol, tout autour
des exploitations, présente une apparence volcanique
due à d'anciennes sources thermales, alcalines et sulfureuses qui ont sillonné la surface, et aussi à des
émanations gazeuses qui se sont fait jour à travers
les fissures des roches environnantes. Il est resté,
comme témoin de ce phénomène géologique qui s'est
produit à une époque antédiluvienne, une source
thermale chaude où l'on a établi des bains.

Près de Rome, à la Tolfa, il existe également des
carrières d'alun très importantes, et dont les produits
sont expédiés dans le monde entier, sous le nom
d'*alun de Rome*.

Pour terminer ce qui a rapport aux phénomènes
volcaniques, je veux vous dire un mot des geysers.

L'Islande, pays volcanique, et sans cesse balayé
par un vent glacial, ne possède pas un seul arbre : le
bouleau lui-même a cessé d'y croître. On n'y trouve-
rait pas de trace de verdure, si le soleil de juillet ne

faisait épanouir au fond de ses vallées les mieux à
l'abri quelques pâles graminées. Pour le reste, la
flore irlandaise se compose de lichens, et encore sont
ils recouverts de neige pendant la plus grande partie
de l'année.

Malgré tant de sujets de monotonie, l'Islande
est une terre riche en curiosités naturelles ; elle a son
volcan toujours en activité, l'Hécla, et particulièrement ses geysers, sources thermales intermittentes
célèbres, qui s'élèvent à des hauteurs parfois prodi-
gieuses au rapport de certains voyageurs dignes de
foi.

Nos plus beaux jets des parcs de Versailles et de
Saint-Cloud, construits à si grands frais et qu'on
admire tant aux jours de grandes eaux, n'ont rien
qui puissent rivaliser, ni pour la hauteur ni pour
le nombre, avec ces simples jets naturels d'eau
chaude qui dégagent une vapeur épaisse bientôt con-
densée au contact de l'air froid. Les geysers sont si
nombreux en Islande qu'on en voit plus de cent
groupés dans un espace d'environ une demi-lieue, à
deux kilomètres environ de la ville épiscopale de
Skalholt, et à peu de distance de l'Hécla. On voit
quelquefois la colonne d'eau des geysers atteindre
des hauteurs inusitées comme celles de 90 et 100 pieds.
Un Suédois, M. de Troïl, nous peint ainsi un des plus
curieux geysers, celui qui se trouve près du Langer-
vatn, lac d'eau douce d'une lieue de circonférence,
situé à deux journées de l'Hécla : « Je dois avouer,
écrit-il, que le coup d'œil en était superbe : le ciel

était serein et le soleil commençait à dorer les montagnes voisines. Il n'y avait pas de vent, et le lac, où se promenaient les cygnes et d'autres oiseaux aquatiques, se présentait à la vue comme un miroir. Tout alentour on voyait en huit endroits s'élever de ces sources chaudes des vapeurs qui se perdaient dans l'air.

« Toutes jetaient de l'eau ; une, entre autres, s'élevait en colonne de 18 à 24 pieds de hauteur sur un diamètre de 6 à 8 pieds. L'eau en était extrêmement chaude. Nous y fîmes cuire pour notre déjeuner un assez gros morceau de mouton, avec quelques truites saumonées, et des bécassines : leur saveur n'en fut nullement altérée. Tel était le degré de chaleur qu'au bout de six minutes, ces viandes furent cuites presque à tomber en morceaux. »

A Reikun, il y a un autre geyser qui atteignait à une hauteur de 70 pieds. Un éboulement de terrains a couvert presque toute l'ouverture par laquelle l'eau jaillissait, et, depuis, la hauteur du jet n'est plus que de 60 pieds.

Divers observateurs ont constaté récemment qu'il s'était opéré de nombreux changements dans le nombre et la puissance des sources jaillissantes de l'Islande. Les geysers s'affaiblissent en raison de la diminution d'intensité de la force volcanique de cette contrée.

FIN

TABLE DES MATIÈRES

Sceaux. — Imp. Charaire et fils.

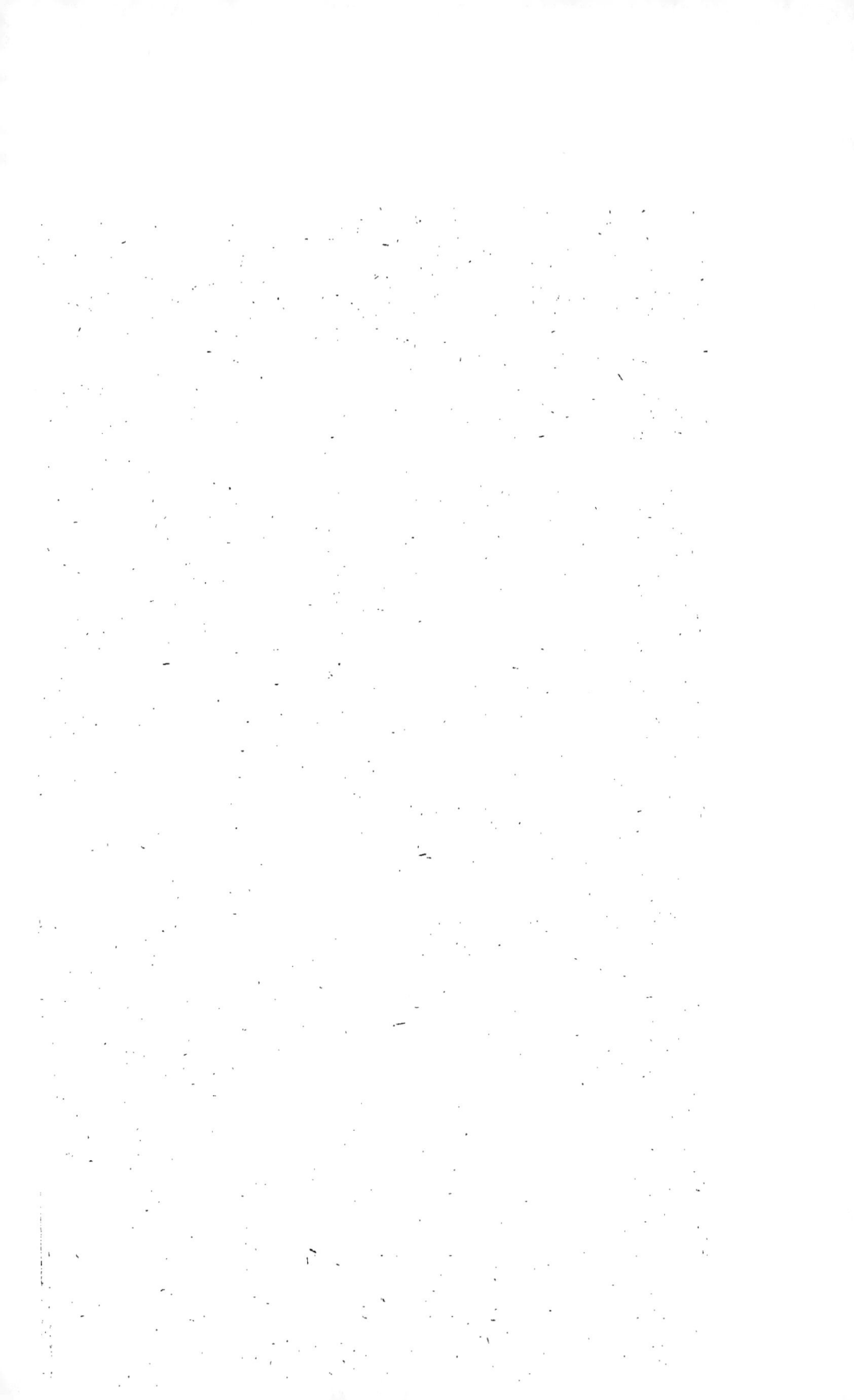

www.ingramcontent.com/pod-product-compliance
Lightning Source LLC
Chambersburg PA
CBHW070610100426
42744CB00006B/443